KB268558

교사와 부모 사이

남중 전문 교사의
아들 심리학 교실

남중 전문 교사의 아들 심리학 교실

교사와 부모 사이

ⓒ 안정선, 2019

2019년 9월 9일 처음 펴냄
2020년 10월 15일 초판 3쇄 찍음

글쓴이	안정선
기획·편집	전유미
출판자문위원	이상대, 박진환
디자인	더디앤씨 www.thednc.co.kr
표지 일러스트	정연수
종이	화인페이퍼
제작	세종 PNP

펴낸이	김기언
펴낸곳	교육공동체 벗
이사장	심수환
사무국	최승훈, 이진주, 이경은, 설원민, 공현
출판등록	제2011-000022호(2011년 1월 14일)
주소	(03971) 서울시 마포구 성미산로1길 30 2층
전화	02-332-0712
전송	0505-115-0712
홈페이지	communebut.com
카페	cafe.daum.net/communebut

ISBN 978-89-6880-121-1 03370

이 도서의 국립중앙도서관 출판예정도서목록(CIP)은 서지정보유통지원시스템
홈페이지(http://seoji.nl.go.kr)와 국가자료공동목록시스템(http://www.nl.go.kr/kolisnet)에서
이용하실 수 있습니다.(CIP제어번호: CIP2019034132)

남중 전문 교사의
아들 심리학 교실

교사와 부모 사이

교육공동체벗

$$\text{차례}$$

모든 부모는 불안하다

살면서 가장 자신 없고 불안했던 일이 무엇인가 돌아보면 아내 노릇도 선생 노릇도 아닌 '부모 노릇'이었던 것 같다. 사실 수십 년 교단에서 숱하게 보아 온 학부모들의 모습을 통해 보고 배운 것만으로도 나는 마땅히 좋은 부모가 되어야 했다. 그런데 그러지 못했다. '저런 엄마가 되어야지', '우리 아이들이 크면 나는 저러지 말아야겠다', 이런 배움들은 실전에서 대개 무용지물이 되곤 했다.

부모 노릇 힘든 게 나만 그런 거 아님을 잘 안다. 정치적 입장은 달라도, 경제 상황은 달라도, 감성과 취향이 달라도 대한민국 부모들, 특히 사춘기 자녀를 둔 엄마들은 대동단결 '아이 키우기가 제일 힘들어요' 하지 않을까? 학부모 상담을 할 때마다 언젠가 이들과 모여 이야기 나누는 자리를 꼭 만들어 보고 싶었다. 교사이자 부모인 나야말로 그런 자리를 마련하기 딱 좋은 사람 아닌가. 한두 아이를 키워 내는 어머니들이 미처 못 보는 '남의 집 아이들 이야기', '너무나도 궁금한 우리 아이 학교생활 모습'을 잘 알고 있으면서 나 역시 '진땀 흘려 사춘기 아이를 키우는 엄마 실전'의 현장을 겪었으니 말이다. 아들과 딸이 그 지긋지긋한 질풍노도의 끄트머리를 막 빠져나가던 2013년, 내가 지나온 그 진흙탕 길이 꾸덕꾸덕 말라 가는 모습을 돌아보며, 이제는 다른 이들과 이야기를 나눌 때가 되었다, 싶었다.

그렇게 시작한 〈풀꽃 어머니 인문학 강좌〉, 그리고 학교에서 〈아들 심리학 교실〉로 이름을 바꿔 진행한 이 강좌는 그즈음 내 삶의 분기점이 되었다. 가르치는 자가 곧 배우는 자가 된다더니, 진행은 내가 했지만 다른 어머니들에게 오히려 많은 것을 배웠다. 학부모를 자기 아이밖에 모르는 욕망덩어리로 보던 교사의 편견을 벗었다. 다른 집 아이들 이야기를 들으며 내 자식들을 얼마나 편협하게 사랑하고 있었나 반성했다. 세상의 아이들이 다 다르고 매력적이듯 부모 역시 그렇다는 것을 새삼 깨달았다. 부모 노릇에 소홀하지 않으면서도 멋지게 사는 '동료 엄마'들을 많이 알게 되었다. 교사니까 나야말로 교육 전문가라고 생각했던 스스로에 대해, 진정한 전문가라면 무엇을 버리고 무엇을 더 공부해야 하는지 생각하게 되었다. 여러분의 말을 돌아보시라 하면서 나의 말을, 여러분의 부모 상처가 무어냐 물으면서 나의 부모 상처를, 아이들과 대화를 많이 나누시라 권하면서 나와 우리 아이와의 관계를 돌이켜 보았다.

강좌와 더불어 흐르는 세월 속에 세상은 격변한다. 5, 6년밖에 되지 않은 시간이지만 학교도 학부모도 그새 많이 달라진 듯 보인다. 하지만 여전히 부모들은 '학부모는 처음이라', '사춘기 아이는 처음이라' 두렵고 불안하다. 둘째, 셋째를 키워 본 분도 아이마다 달리 펼치는 사춘기 파노라마에 적응하기 어렵다. 겨우 사춘기 전문가가 되었나 싶으면 아이들은 갑자기 어른이 되어 버리고 자기가 사춘기 때 저지른 '만행'을 뒤도 돌아보지 않고 시치미를 뗀다. 그러니 우리는 모두 영원히 초보 엄마, 어설픈 학부모인 것이다.

저 작고 꼬물거리던 생명이 걷고 말하고 책 읽고 고민하는 모습을 지켜보는 일, 그가 제대로 살아가게 도와주는 일, 그이가 사람으로 우뚝 서 오롯이 성장하게 하는 일, 우주에 별 하나를 세우는 일, 생명으로 가득하게 하는 일… 어렵고 불안한 게 정상이다. 내가 내 인생을 스스로 한 껍질씩 벗겨 내고 겨우 어른이 되었는가 싶어지자 내 앞에 '짠' 하고 나타나서 내 인생의 무게만큼, 아니 그보다 더한 묵직함으로 나를 겁먹게 하는 저 여리고 무지하고 아름답고 거친 존재를 위해 함께 머리를 맞대 보자. '너'를 살펴보고 나를 돌아보아 지피지기^{知彼知己}하여 하루가 다르게 새롭게 빵빵 터지는 사춘기 '너'와의 갈등에 지혜롭게 대처해 보리라. 그렇게 우리 이 책에서 다시 모여 보자고 권한다.

다만, 이 책이 '사춘기 자녀 잘 길들이는 법'을 일러 주는 책은 아니라는 말씀을 드린다. '부모가 잘 성장해야 자녀도 잘 큰다'는

 교사와 부모 사이

부모 성장서도 아니라는 말씀, 꼭 전한다. 어른들은 신기하게 자기가 어렸을 때 어땠는지 다 까먹는다. 특히 사춘기 시절의 기억은 인생에서 싹 지우는 사람들이 많다. 그 시절 좋아한 노래만 뇌세포 안에 새겨 놓고는 부모에게 반항한 일도, 한때 껄렁거려 본 추억도 다 잊고는 '나는 안 그랬는데 우리 애는 누굴 닮아 그럴까?' 한다.

당신의 사춘기를 깊고 '찐하게' 반추해 보자. 거기 우리 아이의 모습이 있을지도 모른다. 이 책은 그렇게 아이의 사춘기 못지않게 '부모가 된 당신의 사춘기'를 다시 만나게 해 줄 것이다. 만약 우리가 이 책을 통해 자녀를 잘 키우는 방법을 찾는 데 조금이나마 도움을 얻는다면 아마도 그것은 '함께 수다 떨며 연대하기'의 태도와 '내 안에 길 있다 정신' 덕분일 것이다. 남중 전문 국어 교사 안정선이 30년 동안 만난 흙내 나는 남자 중학생들의 리얼 다큐와 그 '지랄' 맞다는 사춘기를 관통하여 '인제는 돌아와' 한 송이 국화꽃과 접시꽃이 되어 준 나의 아들, 딸의 성장 드라마는 덤이다.

첫 강좌를 열어 준 교육공동체 벗, 그리고 이 책을 함께 만든 모든 이들께 감사드린다.

2019년 가을
풀꽃 안정선

나는 '엄마'인가 '나'인가

1강 나는 '엄마'인가 '나'인가

안녕하세요, 이 강좌를 열고 진행하는 '풀꽃 선생'입니다. 제가 가르치는 아이들이 풀꽃처럼, 얼핏 보면 다 작고 보잘것없어 보이지만 사실은 그 하나하나가 모두 아름답더라는 깨달음, 아이들의 작지만 고운 가치들을 보아 주는 교사가 되겠노라는 결심, 거기서 온 필명으로 '풀꽃'을 쓰고 있습니다.

저는 경희중학교 국어 교사입니다. 남자 중학생만 30년 가까이 가르쳐 왔습니다. 사실 자랑일 것은 없는데 어쩌다 보니 '남중 전문 교사'가 되었네요. 제가 어디 가서 "남자 중학생 가르치는 선생입니다" 이렇게 소개하면 보통 두 가지 반응이 나옵니다. 조금은 안쓰러운 눈길로 저를 한참 바라보다가 "참 힘드시겠어요" 하시는 분들. 학부모 중에는 상담하러 오셔서 "저는 아들 하나 키우는 것도 이렇게 힘든데 남자아이들을 어떻게 가르치세요?" 이런 반응. 그리고 또 한 가지는 "거, 애들 좀 잘 가르치쇼! 요즘 학교에서 뭘 가르치는 거요!" 이렇게 따지는 분들.

     교사와 부모 사이

아들 심리학 교실

　제게 아들과 딸이 있는데요, 아들은 지금 20대 후반입니다. 남자 중학생만 가르치다가 아들아이가 서서히 자라서 중학생이 되고 사춘기를 맞게 되었을 때, 그러니까 한 10년쯤 전이죠. 많이 힘들었어요. 남자 중학생을 많이 만나 보았으니 아들의 사춘기를 의연하게 대처할 것이다? 절대 그렇지 않습니다. 오히려 제가 남자아이들 때문에 힘들었던 것, 상처받은 것들이 투사投射되어서 그런지, 아들이 조금만 잘못해도 과민하게 반응하는 저를 발견했어요. 그래서 아들과 오히려 갈등이 심해졌지요. 아들과 딸은 종종 이 강좌에 '사례'로 등장합니다. 이렇게 학부모로서, 엄마로서 아들과 딸을 키운 이야기도 함께 해서 '풀꽃 어머니 인문학 교실'을 진행해 보려 합니다. 사실 학교에서는 '아들 심리학 교실'이란 이름으로 강좌를 열었어요. 많은 어머니가 '제목에 낚여 강좌를 신청했노라' 고백하셨습니다만.

　이 강좌 역시 모두 함께 만들어 가겠습니다. 프로그램의 기본 틀거리는 만들어 놓았지만 내용은 여기 모인 어머니들과 함께 채울 일입니다. 저는 단지 이야기를 '먼저' 꺼내는 사람 노릇을 하려고 합니다. 그러니 뭔가 기록하고 얻어 가려 하기보다 각자 안에 있는 것들을 모아서 나누는 자리를 만들어 주셨으면 좋겠어요.

엄마가 힘들면 아이도 힘들다

어머니들과 상담을 하면 처음에는 학교생활은 어떠하냐, 아이가 집에서는 어떻다, 이렇게 아이들 이야기로 시작하지만 비슷한 또래의 담임과 이야기가 길어지다 보면 수다를 떨게 되잖아요. '아이 키우는 게 힘들다', '그래, 엄마가 행복해야 아이도 행복하니까 기운 내시라', '나도 집에서는 아들이 미워 죽겠다' 뭐 이런 이야기도 하고, '그런데 남편은 도와주지도 않는다', '시어머니랑 양육 방식이 다르다' 이런 이야기도 하고, 이러면서 여자들끼리의 수다로 확장되는 거예요. 그렇게 이야기가 길어지다 보면, 아이들 문제는 엄마들이 가정에서 겪는 갈등에 뿌리를·두고 있다는 걸 발견하는 일이 많죠.

나는 누구인가

아들이라는 강력한 화두에 대해 이야기하기 전에 우리 어머니들도 간단히 자기소개가 필요할 것 같아요. 제가 종이를 다섯 장씩 나눠 드릴게요. 한 장씩, 제가 질문을 하면 답을 적어주세요. 준비되셨죠? 자, 첫 질문입니다.

"나는 누구인가?"

답을 쓰셨으면 그 종이를 엎어 놓으시고요, 두 번째 질문입니다.

"나는, 누구인가?"

세 번째 질문 역시

"나는 누구인가?"

같은 답을 써도 되느냐고요? 정답은 없어요. 마음에 떠오르는 어떤 답도 좋습니다. 다 쓰셨으면 또 엎어 놓아 주세요. 네 번째 질문, 예상하셨겠지만 역시

"나는 누구인가?"

다섯 번째 질문도

"나는 누구인가?"

이제 그 다섯 장을 한꺼번에 살펴보아 주세요. 그중 하나를 버리겠습니다. 그 종이를 엎어 놓고 뒤에 5라고 써 주세요. 나머지 네 장 중에서 또 하나의 '나'를 버리겠습니다. 4라고 쓰시

고…. 3, 2, 이제 마지막 한 장이 남았죠? 그걸 보여 주시겠어요? 많은 '나'들 중에서 여러분이 끝까지 버리지 못한 나는 무엇이었나요? 돌아가면서 이야기해 볼게요.

버리지 못하는 '엄마' 정체성

어때요, 짐작은 했지만 많은 분이 자기가 가지고 있는 자아 정체성 중에서 '모성'을 가장 마지막까지 놓지 못했어요. '누구누구 엄마'를 끝까지 안고 계시는 분이 가장 많군요. 저도 그래요. 교사로 살아온 세월이 길고 그 자아를 매우 중요하게 각성하고 있음에도 끝까지 버리지 못하는 것은 역시 어머니로서의 저예요. 가장 소중한 것도 자식인 것 같아요. 일단 생물학적으로 그렇고요, 본능이 '땡기는' 거죠. 책임감일 수도 있고요. 그것을 규명해 볼 필요도 있어요.

하지만 자녀에 대한 그런 집중이 아니라 어머니 자신의 내면을 들여다보고 거기에 빈자리가 생기지 않게 하는 일이 우리 인생을 위해서 뿐만 아니라 자식을 위해서도 필요해요. 그런데 그게 자식에 대한 '외면'으로는 불가능하죠. 억지로 거기서 관심을 떼어 내려 해 봐야 안 된다는 겁니다. 그래서 저는 일단, 우리 어머니들 마음에 껌딱지처럼 '찐하게' 붙어 있는 '자식 걱정'부터 치료하고 넘어가야 집착도 벗을 수 있다, 그래야 진짜 어머니들이 자기 세상을 들여다볼 수 있다고 생각해요.

자식에 대한 집착

우리 많이 이야기하잖아요. 어머니들이 집착하면 할수록 자녀와의 관계를 잘 풀기는 쉽지 않으며, 심지어는 사회적인 문제들, 지나친 교육 과열 현상 같은 것도 오히려 자녀에 대한 집착 때문이라는 것. 집착은 사랑과 다르고, 심지어는 사랑이라 할지라도 지나친 사랑이 반드시 올바른 자녀 교육으로 이어지지도 않으며, 자녀교육을 잘하고 못하고가 곧 자녀와 엄마의 행복을 보장하느냐, 그것도 아니라는 것을요.

이 강좌는 어찌하면 자녀교육을 더 잘할까, 그런 강좌는 아닙니다. 엄마가 자신을 잘 들여다보는 시간을 갖는 게 가장 큰 목표예요. '정말 좋은 엄마가 되기 위해서 고민해야 하는 것들이 뭘까?' '아이들에게 공부하라는 말은 얼마만큼 해야 적당한 걸까?' '아이가 원하는 것을 하게 해야 할까, 사회가 원하는 것을 하게 할까?' 하는 고민, 아이가 이 세상과 더불어 사는 아이로 크게 하고 싶다면 엄마는 무엇을 노력해야 할까 하는 문제들, 이런 것들을 같이 공유하는 게 이 강좌의 목표입니다.

우리 아이 성격 지도

다음 시간에는 이 책을 읽어 오시면 좋겠어요. 레너드 삭스의 《남자아이 여자아이》입니다. 특히 엄마가 아들이라는, 자기와는 다른 성의 자녀를 이해하는 데 많은 도움이 됩니다. 관련 서적으로 레이철 시먼스의 《소녀들의 심리학》과 댄 킨들런과 마이클 톰슨이 쓴 《아들 심리학》도 있어요. 김형경의 《남자를 위하여》도 같이 읽으면 좋아요. 이 책들을 읽고 다음 시간에는 우리 아들, 딸들 이야기를 나눠 보려 해요.

숙제도 있어요. 아이를 잘 설득시켜서 녀석들이 하게 하는 숙제입니다. 성격 지도를 작성해 오는 건데요, 그 전에 어머니들은 오늘 여기서 하고 가세요. 어머니들 것이 아니고요, '내가 생각하는 우리 아이 성격 지도'입니다. 왜 투명한 비닐지에 하는지 궁금하시죠? 다음 시간에 말씀드릴게요. 이건 작성해서

오늘 제게 주고 가세요. 다음 시간에 아들이 작성한 것과 비교
해 보려고요. 재미있겠죠?

나의 성격 지도

주어진 글을 잘 읽고 내 성격이 ㉮쪽인지 ㉯쪽인지 아래 ○에 표시해 보세요.

❶	❷	❸	❹	❺	❻	❼	❽
매우 그렇다	그런 편이다	약간 그렇다	아니다	아니다	약간 그렇다	그런 편이다	매우 그렇다

㉮	❶ ❷ ❸ ❹ ❺ ❻ ❼ ❽	㉯
무뚝뚝하다	○ ○ ○ ○ ○ ○ ○ ○	사교적이다
허용적이다	○ ○ ○ ○ ○ ○ ○ ○	경쟁적이다
내성적이다	○ ○ ○ ○ ○ ○ ○ ○	외향적이다
소심하다	○ ○ ○ ○ ○ ○ ○ ○	대범하다
행동이 느리다	○ ○ ○ ○ ○ ○ ○ ○	민첩하다
판단이 느리다	○ ○ ○ ○ ○ ○ ○ ○	명석하다
화를 잘 참는다	○ ○ ○ ○ ○ ○ ○ ○	화를 잘 낸다
변덕스럽다	○ ○ ○ ○ ○ ○ ○ ○	침착하다
냉정하다	○ ○ ○ ○ ○ ○ ○ ○	다정하다
감정적이다	○ ○ ○ ○ ○ ○ ○ ○	이성적이다
귀가 얇다	○ ○ ○ ○ ○ ○ ○ ○	신념이 굳다
소극적이다	○ ○ ○ ○ ○ ○ ○ ○	적극적이다
말이 없다	○ ○ ○ ○ ○ ○ ○ ○	말이 많다
행동이 작다	○ ○ ○ ○ ○ ○ ○ ○	크게 움직인다
덜렁댄다	○ ○ ○ ○ ○ ○ ○ ○	꼼꼼하다

㉮	❶ ❷ ❸ ❹ ❺ ❻ ❼ ❽	㉯
수줍음이 많다	○ ○ ○ ○ ○ ○ ○ ○	배짱이 있다
감정을 숨긴다	○ ○ ○ ○ ○ ○ ○ ○	솔직하다
둔감하다	○ ○ ○ ○ ○ ○ ○ ○	민감하다
너그럽다	○ ○ ○ ○ ○ ○ ○ ○	독단적이다
이해심이 많다	○ ○ ○ ○ ○ ○ ○ ○	단호하다
현실주의자이다	○ ○ ○ ○ ○ ○ ○ ○	이상주의자이다
순진하다	○ ○ ○ ○ ○ ○ ○ ○	실리에 밝다
관습적이다	○ ○ ○ ○ ○ ○ ○ ○	자유롭다
보수적이다	○ ○ ○ ○ ○ ○ ○ ○	진보적이다
참여적이다	○ ○ ○ ○ ○ ○ ○ ○	비판적이다
정형적이다	○ ○ ○ ○ ○ ○ ○ ○	분방하다
즉흥적이다	○ ○ ○ ○ ○ ○ ○ ○	계획적이다
욕심이 없다	○ ○ ○ ○ ○ ○ ○ ○	불만족스럽다
온화하다	○ ○ ○ ○ ○ ○ ○ ○	냉정하다
수동적이다	○ ○ ○ ○ ○ ○ ○ ○	독립적이다
털털하다	○ ○ ○ ○ ○ ○ ○ ○	섬세하다
정이 많다	○ ○ ○ ○ ○ ○ ○ ○	냉철하다
잘 웃는다	○ ○ ○ ○ ○ ○ ○ ○	잘 웃지 않는다
남의 말을 잘 따른다	○ ○ ○ ○ ○ ○ ○ ○	자기 주장이 강하다
자기 통제를 못한다	○ ○ ○ ○ ○ ○ ○ ○	절제를 잘한다
스트레스를 안 받는다	○ ○ ○ ○ ○ ○ ○ ○	긴장감이 높다
낙천적이다	○ ○ ○ ○ ○ ○ ○ ○	비관적이다
이타적이다	○ ○ ○ ○ ○ ○ ○ ○	이기적이다

아들 심리학,
딸 심리학

2강   아들 심리학, 딸 심리학

남자아이 여자아이^책 파수꾼^{영화}

안녕하세요? 지난번에 내드린 숙제는 다 해 오셨지요? '우리 아이가 생각하는 자신의 성격 지도'를 해 오기로 했어요. 똑같은 양식의 성격 지도를 같이 비교해 보려고요. 강의 첫날, 어머니가 보시는 아이 성격 지도를 투명 비닐지에 작성해서 내고 가셨잖아요, 그걸 아이가 작성한 것에 겹쳐 보겠습니다. 얼마나 많이 일치할까요? 하나도 안 맞는다고요? 내가 이렇게 아이를 잘 몰랐나 싶다고요?

여기 활동지를 작성하면서 이야기를 나누어 볼게요. 짐작하셨겠지만 이 활동의 목적은 어머니가 아이를 얼마나 잘 알고 있는지 스스로 점검하는 것도 있지만, 아이가 보는 자신의 모습과 부모가 파악하고 있는 자녀의 모습, 그 간극을 들여다보는 게 더 큰 목적이에요. 그런 것들을 정확히 파악하는 것보다 더 중요한 건 이 활동을 계기로 자녀와 이야기를 나누어 보는 것이지요.

      교사와 부모 사이

성격 지도 비교하기

아들 성격 지도

❶ 아이가 작성한 성격 지도와 내가 작성한 것은

_________________% 일치한다.

❷ 이 적중률은 내가 예상했던 바와

• 비슷하다　　• 매우 다르다

❸ 나는 내 아이에 대해

• 20%도 모르겠다　　• 50% 이상 안다　　• 80% 이상 안다

❹ 내가 아이에 대해 가장 잘 모르는 영역은?

• 친구　　• 성적인 관심이나 발달 단계　　• 미래에 대한 희망이나 계획
• 부모에 대해 어찌 생각하는지　　• 감성이나 영성적 측면　　• 기타

❺ 위의 것들을 잘 모른다고 생각하는 이유나 계기는?

❻ 성격 지도 비교를 통해 얻은 느낌은?

나는 내 아이를 얼마나 잘 알고 있을까

먼저, 성격 검사와 함께 우리 아들, 딸 이야기를 시작했습니다.
한두 항목을 빼고는 저와 아이들의 선택이 대체로 같은
항목이 많긴 했어요. 다만 아이들은 자신의 성격에 '그저
그렇다', '보통이다'처럼 중간을 많이 선택한 반면 엄마들의
수치는 좀 더 폭이 넓게 퍼져 있는 걸 발견했습니다. 누구나
자기 성격에 대해 생각해 보면 이런 면도 있고
저런 면도 있고 하니까 중립적인 평가를 하게 되는 것 같아요.
그에 비해 부모는 아무래도 타인이니까 '냉정하다',
'따뜻하다'처럼 좀 더 분명한 평가를 하는가 봐요.
여기에서 우리들이 던진 궁금증 하나. 이번 검사뿐 아니라
다른 검사도 해 보면 아이가 가지고 있을 것 같은 장점이
있어도 아이는 스스로를 더 낮게 평가하는 걸 볼 수 있는데
이걸 자존감이 낮아서 그런 것으로 보아야 하는 걸까요?
요즘도 엄마들은 아이들을 50~60% 정도 알고 있다고
생각하지만 아이들은 10%도 모른다고 생각한대요.
부모들은 아이를 잘 안다고 생각할 뿐 아니라 대체로
자기 아이들을 과대평가하고 있는지도 모르죠.
어쩌면 우리의 '바람'을 아이들의 '능력'이라고 우기고
있는 걸까, 하는 생각이 들었어요.

- 강아지 엄마

 교사와 부모 사이

중2가 되는 아들이 있는데요, 제가 바쁘다 보니 아침에
아이보다 먼저 나가는 날이 많은지라 아이는 계절에 맞지
않은 옷차림으로 등교를 하기도 하고 그래선지 초등학교 때는
왕따를 당하기도 했어요. 하지만 수학, 과학을 좋아하고
혼자 노는 것을 불편해하지 않는 성향으로 중학교에
가서도 친구가 그리 많지 않았지만 크게 불편해하지 않아요.
중학교에 입학하면서 담임 선생님께 이 사실을 먼저
알려드렸고 도움을 부탁했죠. 중학교에서는 자기를
괴롭히는 친구를 무력으로 제압하여 불려 가게 되었는데
담임 선생님께서는 초등학교에서는 말도 하지 못했는데
지금은 어떤 형태로든 자기 의사를 표현했으니 좋아진 거
아니냐고 안심을 시켜 주시네요.

- 기자 엄마

고1이 되는 아들이 있는데 아이의 내면에 있는 폭력성
내지는 반란의 에너지를 감추고 엄마의 등쌀에 숨죽여 사는
것 아닌지 고민이 됩니다. 캠프나 학교에서 어울리는 걸 보면
언제나 소위 노는 아이들 곁에 머물고 있어요.
그렇다고 본인이 본격적으로 놀지는 않는 것 같은데
이 상황을 엄마로서 어떻게 받아들여야 하는지 고민이에요.
학교에서 담배 피우는 모습으로 단체 사진 찍는 친구들
옆에서 사진 찍어 주고 흡연 방조죄로 일주일 특별 프로그램을

받은 적도 있고 중간고사 시험 하루 전날 그동안 쌓인
벌점을 깎으려고 학교에서 봉사활동을 하고 늦게 오기도
하고…. 가끔 묻어오는 담배 냄새로 아이랑 다투기도 하는데,
담배 피우는 친구들 무리에 끼어 있어서 그렇지 자기는 담배는
피우지 않는다고 자신 있게 말합니다. 자기를 믿어도 된다고.
오늘도 우리 아들에게 이런 멘트를 날립니다.
"넌 참 심플 라이프구나. 침대에서 뒹굴기, 핸드폰 만지기,
먹고 자기…."
언제쯤이면 아이가 보이는 모습 그대로를 보아 줄 수 있을까
고민이네요.

- 활동가 엄마

제게는 곧 고1이 되는 딸이 있는데요, 애는 늘 엄마와 수다를
떨고 싶어 해요. 저는 아이의 마음이 이해가 되면서도 아이가
바라는 만큼의 관계를 형성하기에는 버겁다는 생각이 듭니다.
외출할 때는 2시간 정도 정성껏 꾸미지만 집에 있을 때는
너무 게을러 보여요. 온종일 잠옷 차림에 먹고 씻고 난 자리에
흔적이 너무 진하게 남아 이해하기 어려울 때가 종종 있고요.
우리들(엄마들)은 너무 당연하다고 생각했던 기본 개념들
(내가 머문 주위를 돌아보는 것, 방을 정리하는 것, 먹고 마신
컵이나 그릇을 정리하는 것 등)에 대한 이해 차이가 너무
크니까요.

 교사와 부모 사이

또 아이가 선생님이나 어른들, 엄마가 이야기하는 방식에
대해 불만이 많아요. 뭔가를 잘못했을 때 그냥 쿨하게
'하지 마!' 하면 되는 걸 '왜 그랬니?' 꼬치꼬치 묻고 따지고
그러는 거 싫대요. 풀꽃 샘은 우리 딸이 에너지가 강한
친구라서 그런 것 같다고 하시네요.
나머지 부분에 대해서는 자리에 함께한 모든 엄마들이
이구동성 말했어요. 우리가 당연하다고 여긴 생활 속
기본 개념들이 이 아이들에게 통하지 않더라고요.
세대 차이일까요?

- 가수 엄마

　　자, 이제 오늘의 교재《남자아이, 여자아이》에 대해 이야기
해 볼까요? 이 강좌에서 교재를 선택하는 기준은 '좋은 내용인
가'보다도 '생각할 거리를 많이 던져 주는가'라는 것을 먼저 강
조합니다. 읽으면서 느끼셨겠지만 이 책은 엄밀히 말해서 '좋은
책'이 아닐 수도 있습니다. 건강한 성평등 가치관을 고민해야
할 오늘날에 남자와 여자의 '근본적인(?)' 차이에 대해 고찰하
는 책은 시대착오적이라는 오해를 불러일으킬 수 있죠. 책의 내
용 중에는 검증되지 않은 내용도 있고요, 저자는 확신에 차서
내놓는 주장이 잘못된 신념으로 보이는 부분도 있습니다. 하지
만 저는 이 책이 '아들과 딸은 왜 그렇게 다를까?' 고민했던 많

은 어머니와 함께 생각할 거리를 많이 던져 주는 '문제작'이라 생각합니다.

책을 읽고 나면 '아이들이 왜 저럴까'가 아니라 '그럴 수도 있었던 거구나' 하고 이해의 폭을 넓히게 되기도 합니다. 책에 대해 비판하게 된다면 더더욱 진정한 성평등, 인권 측면에서의 성차 극복에 대해서도 생각을 확장하게 될 수도 있고요.

남학교에 근무하는 여교사로서, 또 아들 키우는 어머니로서, 어쩌면 영원히 이해하기 힘든 상대 성에 대한 이해의 폭을 열어 준 책으로 개인적으로는 의미 있게 읽었답니다.

남녀 아이들의 '차이'

벌써 20여 년 전부터 남아, 여아에 따라 파란색, 분홍색으로 옷을 구분해 사 준다거나 여자아이는 소꿉, 남자아이는 로봇, 이렇게 장난감을 구별하지 말라는 붐이 있었어요. 큰아이가 1992년생 아들인데 서너 살 무렵에 소꿉놀이 장난감을 사 줬어요. 그맘때 아이들은 엄마가 설거지하면 바닥에 앉아서 싱크대 아래쪽에 있는 냄비며 프라이팬 같은 거 꺼내서 놀잖아요? 제 아들도 그랬거든요. 크기별로 쌓으면서 놀기도 하고 북처럼 땅땅 치면서 놀기도 하고. 굉장히 좋은 놀이이고 놀잇감이라고 생각해요. 엄마 옆에서 대화를 나누면서 놀 수도 있지요, 생활 친화적이지, 구조적 두뇌 발달이며 감각 놀이도 되죠. "안 돼!" 할 게 아니라 옆에서 맞장구치면서 같이 놀아 주어도 돼요. 하여간, 그렇게 부엌에서 그릇 가지고 놀고 제가 사 준 소꿉놀이 갖고 놀던 아들은 물론 로봇 같은 장난감도 사달라고 했어요. 굳이 그걸 구분하지 않았다는 거죠.

여기, 아들, 딸 다 키우는 분 손 들어 보실래요? 딸은 책 좋아하는데, 아들은 아니다, 손 들어 보실까요? 딸은 물건 잘 챙기는데 아들은 아니다? 거꾸로라고요? 물론 이 모두는 개개인의 차이이지 반드시 남자아이, 여자아이의 일반적인 차이가 아닐 수도 있습니다. 하지만 집에서나 학교에서 보면 분명 남자아이와 여자아이의 차이점을 볼 수 있어요. 여기에는 태어날 때부터 사회나 가정에서 해 온 교육의 결과에서 온 것도 있을 거고요, 아니 리처드 도킨스가 말하듯이 이미 오랜 세월 우리 안에 쌓여 형성된 문화적 유전자 '밈'에 의한 것도 있을 수 있죠. 생물학적 차이는 차치하고서라도 말이죠.

가령, 제가 근무하는 남자 중학교에서 선생님들이 이런 말 많이 하거든요. "어휴, 우리 학교 남자애들 왜 이리 말귀를 못 알아들어?" 어때요, 성차별적 발언인가요? 그렇기도 해요. 사실 저희는 비교 대상이 없으니 저 표현은 정확하지 못한 말일 수도 있어요. 오히려 남녀공학에 근무하는 교사들이 그런 말씀을 많이 해요. 여학생들은 필기도 잘하고 말로 전달하면 그걸 실행하는 능력이 뛰어나다, 아이 개개인의 학습 능력과는 상관없다, 그런데 남자아이들은 허방지방할 때가 많다, 모둠 활동을 하면 일부러 남녀 동수로 모둠을 짜 준다, 여학생들이 과제며 미션을 잘 챙긴다….

저도 아들딸을 키웠는데 아들은 초등학교 때 알림장도 잘 안 써 오고 준비물이나 일정 같은 거 잘 못 챙겼는데 5년 후 딸을 키울 때 보니 정반대인 거예요. 아들딸을 키우면서 비슷한 경험을 하는 어머니들은 우리 아들이 좀 어리바리한가 생각하기도 하는데요, 아이가 모자라거나 덜렁거리거나 부족한 것이 아니라 남녀 아이의 행동 특성의 차이일 수 있다는 거죠.

이 책을 보면 남자아이들은 선천적으로 청력이 약하다고 합니다. 남학생이 여학생보다 20% 정도 청력은 떨어지고 상대적으로 목소리는 큰 편이라고 합니다. 이게 과학적으로 입증된 건지는 잘 모르겠어요.

대개 젊은 여교사들은 수업하는데 남학생들이 뒤에서 떠들고 엎드려 자고 그러면 자기를 여자라고 무시한다고 생각하지요. 하지만 레너드 삭스의 말대로라면 작고 높은 목소리로 수업하는 젊은 여선생님의 수업은 뒤에 앉아 있는 남자아이들에게 잘 안 들릴 수 있어요. 그래서 남녀공학일 경우, 자리 배치를 할 때 일부러 남학생을 앞에 앉히기도 한다네요.

남자아이들은 독해력이 떨어진다?

남자아이들에게는 특유의 동물적 본능이 있어서 대화할 때 마주 보고 '내 눈을 바라봐' 하면 공격성을 느낍니다. 좋은 이야기를 들려주려고 해도 마주 앉아 이야기하기보다 어깨를 나란히 하고 벤치 같은 데에 앉아서, 혹은 나란히 걸으면서 이야기를 나누라고 해요. 저도 오랜 세월 아이들과 깊이 있는 이야기를 하려고 할 때 마주 앉아서 '선생님 눈을 보고 이야기해 봐'라고 말했는데 그때마다 아이들이 시선을 못 맞추고 불안해하는 걸 보면서 의아했어요. 여선생님이라서 불편해서 그런가 보다 했는데 그게 아니고 교사와 학생의 관계를 수직 관계로 인식하고 상대방과 눈을 마주치는 행위를 공격적인 관계 형성으로 생각하는 거죠. 아니, 생각을 한다기보다 몸으로 불안을 느낀다는 게 맞는 표현일 것 같아요.

반면 여자애들은 마주 보고 눈을 맞추며 조곤조곤 교감하며 이야기하는 걸 좋아해요. 여자들은 여자들끼리의 그런 대화 방법에 익숙한데 엄마가 되어서 아들과 대화를 할 때 마주 보고 대화를 하려 들면 눈빛에서 금속성 불꽃이 튀는 상황을 남자아이들이 견디기 힘들어할 수 있겠어요.

아빠의 훈육

엄마나 아빠나 화가 난 상태에서 대화를 시도하는 것은 당연히 하지 마셔야 하고요. 특히 엄마는 뭔가 훈육의 말씀을 하려고 시도하면 아이들은 뭐로 받아들일까요? 맞아요, 잔소리로 받아들여요. 잔소리할 생각이 아니라 그냥 이런저런 이야기를 나누려고 해도 지레 잔소리하려나 보다 하고 자리를 피하죠.

규범의식이 없는 아이들, 도덕적인 잘못을 저지른 아이들과 이야기해 보면 그런 가치관이 막 생성되기 시작하는 초등학교 4, 5학년 무렵 아빠가 없었던 경우가 많습니다. 엄마, 아빠가 이혼을 하거나 별거를 한 경우 말고도 아빠가 지방이나 해외로 자주 혹은 오래 출장을 가 계셨다거나 야근이 잦아 평소에 아이 얼굴을 볼 시간이 부족했다거나, 아빠의 특별한 취미생활 때문에 집에 머무는 시간이 거의 없었다거나…. 한참 아이들, 특히 남자아이들의 도덕심과 분별력을 키워야 할 때 아빠의 부재는 청소년기, 자의식만 충만하고 죄의식이나 염치 같은 부분이 부족한 시기에 극대화된 일탈 행동으로 나타날 수 있어요.

엄마는 잔소리꾼?

아빠들은 남자아이가 거칠게 행동하고 말썽을 피우면 "그 맘때 애들은 다 그래. 나도 그렇게 싸우고 말썽 피우면서 컸어. 크면 다 저절로 괜찮아져" 심지어는 "애들 교육은 엄마가 시켜야지" 이러면서 아빠는 아이들에게 다정한 역할만 하는 예도 있어요.

아빠가 아이 인성교육에 대해 손 놓고 방관하면서 "우리 집은 가정적으로 아무 문제 없는데 왜 아이가 그렇게 죄책감도 없이 다른 친구를 괴롭히고 못된 짓을 할까요?" 묻는 경우를 많이 봐요. 아빠가 집에 있어도 아빠로서 교육을 제대로 못 하고 방임하는 경우 남자아이의 도덕의식 형성에 악영향을 끼칠 수 있다는 겁니다.

그러다가 아이가 어느 정도 자라 사춘기에 접어들고 나서 말썽을 피우면 그때서야 뒤늦게 개입하려 드는 아버지들도 많아요. 그러면 아이는 '그동안 내내 무관심하다가 인제 와서 가르치려 든다' 생각하고 아버지의 교육을 받아들이지 못하고 불화를 일으키기도 하지요. 오늘날 특별한 사유 없이, 특히 부모의 교육 수준이 높고 경제적으로 안정된 가정에서 자녀들의 일탈 행동이 나타날 때, 많은 가정에서 올바른 훈육과 인성교육을 하지 않고 방임을 자녀에 대한 존중으로 착각했거나 학업

등 성취에 대한 요구만 했을 경우가 많습니다.

물론 엄마의 인성교육도 중요합니다만 대개의 아이들이 엄마와는 함께 있는 시간이 많다 보니 아무래도 대화를 잔소리로 여기죠. 그래서 훈육이나 대화의 효과가 떨어집니다. 오히려 아빠가 평상시 아이와의 관계가 좋았고 아이 입장에서 아빠가 훈육을 많이 하지 않았다고 생각한다면 진지하고 침착하게 대화의 시간을 갖는 게 더 효과가 있습니다.

인생 아빠, 인생 엄마

그런데, 아빠가 없는 경우는 어쩌죠? 출장이 잦거나 주말에만 만날 수 있는 아빠, 해외나 지방 근무가 잦은 아빠, 혹은 이혼으로 한 달에 한 번밖에 못 만나는 아빠라도 단 30분이라도 시간을 내서 침착하고 진지한 대화의 자리를 마련하도록 아빠를 추동해야 해요.

이혼이나 사망으로 아빠를 만날 수 없는 상황이라면 임시 아빠를 만들어 주는 것도 한 방법입니다. 삼촌이나 성숙한 형 등 가까운 친척 중에서 아빠 역할을 할 수 있는 사람, 그러니까 아이가 신뢰하는 사람에게 진지하게 상담과 훈육의 역할을 부탁하세요.

학교에서 남자 선생님께 부탁드리는 것도 한 방법이에요.

"선생님 말씀은 잘 들으니까 공부 좀 하라고 조언해 주세요." 이런 부탁 말고요, 인간으로서 지켜야 할 도리, 하지 말아야 할 것 등에 관해 진정한 인생 상담을 부탁하시라는 거죠. 제가 담임한 아이 중에 어렸을 때 부모가 이혼해서 엄마와만 오래 살아온 아이가 있었어요. 친구를 때리고도 죄책감을 못 느꼈는데, 그야말로 아빠의 사랑과 훈육이 모두 필요한 아이였죠. 저는 아이와 잘 지냈지만 이 아이는 엄마의 따뜻한 정이 부족한 게 아니라 엄부嚴父의 교육이 절실한 거였어요. 저희 반에 수업 들어오시는 나이 지긋한 남자 선생님께 아이를 따로 챙겨 주십사 부탁드렸어요. 그분은 기꺼이 아빠 노릇을 자처하고 시험 전후에 아이를 불러 격려도 해 주고 얼굴이 어두우면 위로도 해 주고, 뭔가 잘못하면 아빠처럼 야단도 쳐 주었어요. 살다 보면 운명이 제대로 된 아빠, 엄마를 주지 않는 아이들도 있잖아요. 그럼 주변에서 '인생 아빠, 인생 엄마'라도 만나게 해 주면 인생이 좀 덜 섭섭하지 않을까요?

남자는 싸우면서 우정을 형성한다

저도 학교에서 남자아이들이 서열을 나누는 것을 자주 보았는데요, 이에 대해 어떤 선생님은 그것이 나름대로 그들의 평화를 지키는 방법이라고 하시네요. 〈파수꾼〉에서

보듯 서열과 우정이 뒤섞여 있고 어떨 때는 일부러 서열을
지으며 우정을 유지하기도 하고요.
아이들이 빠져 있는 게임 애기도 잠깐 나왔는데요.
기자 엄마께서 게임도 아무 게임이나 막 하는 게 아니라며,
게임에도 서열이 있다는 놀라운 사실을 알려 주셨습니다.
우리 학교 애들한테 시를 써 보라고 하니, LOL을 주제로
쓰는 애들이 많길래 그걸 다들 하는 줄 알았는데 중학생들
사이에서는 LOL이 센 아이들만 할 수 있는 게임인가
봅니다. 메이플 스토리 같은 게임은 아이들 말로 '찌질이'들만
하는 거라고 하는데 말하자면 평화로운 게임이라는 거죠.
복잡하지 않고 폭력적이지 않고. 그런데 이런 평가가
어른들이 바라보는 시선과는 전혀 다르다는 것,
그게 문제인 것 같아요.

- 공고 선생님

남자아이들의 우정과 권력에 관한 보고서

영화 〈파수꾼〉은 정말 남자아이들의 정서를 잘 나타낸 영
화입니다. 남자 고등학생들 간의 서열 문제와 우정, 그리고 가
해자와 피해자가 혼재된 영혼. 폭력과 우정 사이의 간극, 그런
것들요. 영화 속 주인공 기태는 '나쁘고 슬픈' 아이입니다. 학교

에서도 무수히 많은 '나쁘고 슬픈' 아이들을 보아 왔어요. 나쁘지만 슬픔을 간직한 아이들은 자기 안에 흔들리는 물결이 있어 그래도 많은 것을 느끼고 생각합니다. 이런 친구들은 대화로 그 아픔을 어루만져 주고 안에 간직한 '슬픔'이 '나쁨'이 되지 않게 다독여 주어야 합니다.

슬픔이나 염치가 없이, 인디언식으로 표현하면 '영혼이 작아져 버린' 아이들, 남의 아픔에 공감할 줄 모르는 아이들도 더러 만납니다. 그런 아이들을 보면 무섭기도 해요. 물론 어른들 잘못이지요. 태어날 때부터 그렇게 감정도 없이, 마음도 없이, 영혼도 없이 태어났겠습니까?

영화 속 기태는 친구에게 주먹을 날리는 아이지만 자기 안에 슬픔을 간직한 아이였어요. 그래서 이겨 내지 못한 슬픔을 자살로 마감하죠. 분노와 우울이 밖으로 뻗어 나가면 누군가에게 폭력과 살의로 나타나지만 안으로 들어가면 우울과 자살로 나타납니다. 남자아이들의 우울은 때로 그렇게 폭력적 양상으로 나타나기도 해요. 어른들은 저렇게 남을 때리고 까부는 아이들이 뭐가 우울하냐고 생각하고 비난만 하지요. 그 깊은 슬픔을 헤아려 주는 눈이 있어야 하지 않을까요?

기태와 백희 희준의 별명 처럼 친구 사이를 서열로 살아가는 아이들도 참 많아요. 물론 모든 아이가 그렇지는 않지만요. 그리고 이 관계는 변하기도 합니다. 몸의 변화가 급작스럽게 나타나는 중1, 2 때는 이 서열이 뒤집어지는 경우도 많고요. 그런데도 친구랍시고 찰싹 붙어 다니는 아이들을 보면 어른들 입장에서는 참 이해가 안 되죠. 어제는 싸우고 오늘은 친하고, 명백히 자기를 괴롭히는 아인데 그 아이랑 친하게 지내려고 안간힘을 쓰고….

그건 어쩌면 생존을 위한 전략인 경우도 있어요. 혼자는 누군가의 먹이가 될 수 있기 때문에 무리 속에서 안전을 찾고, 그 안에서 서열이 밀리더라도 친구를 높이 평가하고 받들어 주면서 안전을 보장받는 겁니다. 그런데 '내가 더럽고 치사해도 네 '꼬붕'을 한다', 그렇게 생각하는 경우도 있겠지만 정말 친한 친구라고 생각하고 지내는 경우도 많고요, 동물적 본능으로 저 아이의 비위를 맞추면서 잘 지내는 것이 학교생활의 행복을 보장한다고 판단해서 그렇게 생활하는 아이들도 많아요.

만약 그런 관계 중간에 균형을 잘 잡아 주는 아이가 있으면 그 그룹은 유지됩니다. 그룹 내에서만 그런 게 아니라 그룹 간에서도 마찬가지예요. 다양한 무리의 아이들이 모여서 나름대로 생활을 하는데 평화로운 학급은 그런 이질적인 그룹 간의 힘이 균형을 유지하고 있는 경우가 많아요.

그러니까 평화는 서열의 균형인 셈인 거죠. 기태와 백희 사이에서 그런 조화를 유지해 준 아이가 동윤이었어요. 기태와 백희는 고등학교 와서 알게 된 사이이고 이미 기태가 학교 일짱인 상태에서 서열이 형성된 가운데 친구가 된 게 백희였던 거죠. 동윤이는 중학교 때, 동등한 상태에서 기태와 만나 친구가 되었기 때문에 고등학교 일짱이 된 기태에게 꿀리지 않아요. 그리고 백희, 기태 사이에 긴장을 풀어 주고 균형을 잡아 셋의 우정을 가능하게 해 주어요. 하지만 동윤이의 기특한 균형 잡기는 기태와 백희 사이의 여자 문제로 무너지고 말죠. 기태는 《어느 날 내가 죽었습니다》의 재준이와는 달리 보통 아이가 아니라 일종의 일탈 학생이고 학교 짱이고 전형적으로 엄마의 사랑을 받지 못하고 큰 '결손 가정' 아이로 묘사됩니다.

이 영화가 던져 주는 화두 중 '자살'에 대해 생각해 보아요.

사춘기 아이들의 자살. 도무지 이해가 안 되는 원인들로 자살하는 아이들이 있어요. 어른들이 이해할 수 없는, 사소해 보이나 사실은 복잡한 문제들을 고민하고 있다가 어떤 외부적인 힘에 의해 그 문제들이 결합되거나 촉발되면 자살로 이어질 수도 있어요.

그런 위험한 상황을 어른들은 어떻게 막을 수 있을까요. 중요한 건 대화입니다. 어떤 경우라도 내 이야기를 들어 줄 사람이 있으면, 그런 사람이 있다고 생각하면 자살하지 않을 수 있지 않을까요? 죽고 싶은 사람들은 죽음 직전에 누군가에게 전화한다고 하죠. 그래서 생명의 전화가 그 순간 전화를 받는 역할을 하기도 하고요. 너무나 당연하지만 생명의 전화가 아니라 부모가, 아이가 죽고 싶을 때 마지막으로 전화하고 싶은 바로 그 대상이어야 해요. 위기 상황에서 내가 그런 부모일 수 있는가 아닌가는 평상시에 정해지겠지요?

자, 다음 시간에는 아이들과 함께 성장 소설 《어느 날 내가 죽었습니다》를 읽어 오세요. 그리고 '사춘기'에 대한 이야기를 나누어 볼 건데요, 여기서 잠깐, 아이들 사춘기만이 아니라 어머니들이 겪은 사춘기도 돌아볼 겁니다. 숙제 두 가지 잊지 마시고 다음 시간에 만나요.

영화 〈파수꾼〉을 보고

❶ 남자아이들의 권력관계

생각해 볼 문제 : 왜 남자아이들은 우정과 서열을 헷갈려 할까?

사춘기 아이들은 왜 '개별과 집단'의 경계가 불분명할까?

아이들 집단의 (사회의, 관계의) 평화는 어디에서 오는가.

❷ 등장인물 중 나와 비슷한 아이는 누구이며 그렇게 생각한 이유는?

❸ 영화 내용 중 내 아들과 연관 지어 공감이 된 장면은?

❹ 영화 평을 써 보자.

남자 중학교 교실은
'동물의 왕국'

학생들에게 서열 정리는 매우 중요한 정치적 의미가 있다.
동물적인 아이들에게 어떻게 평화와 평등을 가르칠 것인가는
아주 중요한 과제이다.

학기 초 남자 중학교 1학년 복도에서는 싸움이 끊이지 않는다. 그렇게 많이 싸우던 아이들이 2학년으로 올라가면 좀 잠잠해지고 중3이 되면 거의 싸우지 않는다. 그때쯤 되면 이미 서열 정리가 끝나기 때문이다. 어른들 눈에는 한심해 보여도 아이들에게는 매우 중요한 '정치적 의미'가 있다. 이 치열하고 동물적인 아이들의 성장 과정에서 어떻게 평화와 평등을 가르칠 것인가가 교사들에게는 아주 중요한 과제이다. 매우 드물기는 하지만 왕따나 싸움이 거의 없는 평화로운 교실이 만들어지는 유형은 다음과 같다.

1.

‘학급 짱’의 리더십이 강한 경우다. 대적할 자 없는 그 아이가 지혜롭고 인품까지 좋다면 학급의 평화는 저절로 이루어진다. 하지만 이 ‘완벽에 한없이 수렴하는’ 학급 짱의 실체가 만약 ‘엄석대’라면, 이 교실의 평화는 거짓 평화일 수도 있다. 또한 학급 짱을 중심으로 똘똘 뭉친 아이들이 교사(담임 혹은 교과 교사)와 맞서는 경우도 생길 수 있다. 부쩍부쩍 자라나는 남자아이 중에는 급부상하는 다크호스가 ‘짱’에 맞서는 세력을 형성할 수도 있다. 그런 경우 학급 분위기는 험악해지고 수업 시간마다 아이들의 세력 다툼이 교사에 대한 수업 방해로 나타날 수 있으므로 학급 짱에게 교실의 평화를 맡기는 것은 매우 위험한 일이다.

2.

아이들이 교사의 권위에 절대복종하는 교실도 평화를 유지한다. 교사가 절대 권위를 유지하는 방법은 둘 중 하나이다. 절대적으로 무섭거나 절대적으로 존경받거나.

그러나 우리는 이미 ‘교사 절대 권력’의 어두운 교육적 터널을 경험해 왔다. 폭력이나 폭언으로 아이들을 장악하려는 시도는 시대착오적이며 바람직하지 않다. 그렇다고 모든 교사의 로망인 ‘인격으로 아이들을 감읍시키는’ 것도 현실에서 쉽게 실현할 수 있는 경지는 아니다.

3.

아이들 그룹 간에 힘의 균형이 유지되는 교실도 평화를 유지할 수 있다. 작년 우리 반에는 담배도 피우면서 좀 놀고 싶어 하는 아이들 무리가 있었다. 하지만 그들은 공부와 독서에 열심인 다른 무리의 아이들과도 잘 어우러져 놀았다. 운동을 좋아하는 그룹이 있는가 하면 악기나 컴퓨터에 조예가 깊은 아이들도 있었고 개그 본능과 긍정 마인드로 학급 분위기를 즐겁게 만드는 데 앞장서는 아이들도 있었다. 교실 속 동아리들은 서로 존재를 인정함으로써 자기의 존재를 인정받았다. 연대는 서로에게 도움이 되기 때문에 아무도 힘으로 이 균형을 깨려 하지 않았다. 시험 때가 되면 '웃긴파'와 '일진파' 아이들이 '공부파'나 '자기만의 세계파' 아이들 옆으로 가서 고개를 맞대고 예상 문제를 서로 나누는 풍경이 펼쳐졌고, 체육대회 기마전과 단체 게임에서는 단합의 힘으로 우승의 기쁨을 나누었다.

4.

가장 이상적인 교실은 말 그대로 '존중과 배려'가 최고의 문화적 가치로 자리 잡은 교실이다. 남자아이들은 그야말로 '욕 끝마다 가끔 말'을 할 정도로 비속한 언행을 일삼지만 이런 교실에서는 욕설이나 비방, 폭력이 '저속한 문화'로 취급받는다. 누군가 친구를 비아냥거리거나 놀리면 주변에서 점잖게 말리는 아이가 있다. 실수하면 바로 사과하고 다친 아이나 숙제를 못 한 친구가 있으면 여럿이 달라붙어서 도와주어야 '매너남'으로 인정받는다. 학급 분위기는 화기애애하여 모둠 수업이나 행사 같은 것을 하면 아이들은 서로 도우면서 행복해한다.

현실에서 그런 학급을 이루는 게 얼마나 어려운 일인지 교사들은 잘 안다. 하지만 실현하기 어렵다고 해서 평등하고 평화로운 교실을 이루려는 꿈을 결코 버려서는 안 된다.

그 꿈을 이루려면 교사는 제일 먼저 아이들 사이의 관계망을 섬세하게 파악하고 있어야 한다. 또한 배려의 가치를 깨닫게 하는 좋은 이야기를 자주 들려주고 소리 없이 남을 배려하는 아이들이 교실의 주류가 될 수 있도록 격려해야 한다. 물론 아이들 사이에 만연한 '비난 문화'와 폭력적 언행에 대해서는 단호하게 대할 필요도 있다.

무엇보다 교사 스스로 아이들을 존중하는 모습을 보여 '존중의 미학'을 교실 전체의 분위기로, '온몸으로 느끼게' 해야 한다. 배려할 때의 기쁨과 존중받을 때의 자존감이 얼마나 학교생활을 행복하게 만드는지 교사가 먼저 보여 주면 아이들은 서로에게도 그렇게 한다.

●

《시사인》 제360호(2014년 8월 12일)

아이 사춘기,
엄마 사춘기

3강　아이 사춘기, 엄마 사춘기

어느 날 내가 죽었습니다^책

아이들이 어느 날 갑자기 큰 것 같지요? 꼬물꼬물 귀여운 아기였던 게 엊그제 같은데 어느새 사춘기가 왔어요. 그리고 갑자기 멀게 느껴집니다. 사춘기 때는 외모도 안 예뻐요. 그렇게 예쁘던 내 새끼가 여드름 나고 시커매지고 미운 표정 짓고…. 귀엽지도 않지요, 하는 짓도 안 예쁘지요, 왜 그럴까요?

아이들은 초등학교 중학년만 넘어가도 슬슬 엄마보다 친구를 더 좋아합니다. 사춘기가 되면 더하죠. 친구가 아이에게 최고의 가치가 돼요. 그럴 땐 엄마가 아이 생활에서 조금씩 발을 빼줘야 해요. 좀 더 있으면 남자아이들은 군대도 가야 하고 여자 친구도 생기겠죠. 먼 데 가서 독립하는 아이들도 생기고요, 연애도 하고 곧 결혼도 할 테죠? 만약 아이들이 아기 때처럼 예쁘기만 하면 이 예쁜 아이들이랑 어떻게 헤어질 수가 있을까요?

정신적 이유기, 사춘기

마치 아이들이 이유기^{離乳期} 때 엄마와 한 단계 멀어졌듯이

"

사춘기는 부모로부터 정신적으로 독립하는 단계 중 하나라고 생각해 봅시다. 탄생의 시기에 엄마와 몸이 분리된 경험, 젖을 떼면서 또 한 단계 분리되는 경험, 어린이집, 초등학교 가면서 또 분리되는 경험을 할 때마다 그 분리를 잘 겪고 이겨 내야 아기가 성장하고 엄마도 성숙하잖아요. 그런 단계 중 사춘기는 아이나 엄마나 가장 힘들게 서로에게서 분리, 독립되는 시기라고 봅니다. 정신적 이유기인 것이지요. 엄마 입장에서는 미운 짓만 골라 하는 아이가 섭섭하게 느껴질지 모르지만 좀 냉정하게 말하면 이제 어린아이로서 엄마와의 애착을 끊고 독립된 인간으로 성숙하기 위한 한 걸음을 딛는 거죠. 그리고 그 과정에서 겪는 갈등은 아이가 자신을 성찰하기 위해 필수적으로 거쳐야 하는 '부모와 거리 두기'의 통과의례입니다.

어떤 어머니는 우리 아이는 사춘기 없이 잘 자랐고 엄마와의 관계도 좋다고 자랑하시는데 사춘기에 갈등이 심했다고 해서 부모자식 간의 관계가 나빠지는 것은 아닙니다. 오히려 분리의 시기에 애착 분리를 잘 못하면 독립적인 성인으로 자라지 못하고 부모의 영향력에서 벗어나지 못할 수도 있어요.

학부모 모임에 자주 나오는 어머니가 학교 앞으로 아이에게 줄 학용품을 챙겨 와서 전해 주는 모습을 본 적이 있어요. 중2 남자아이와 헤어지면서 볼에 뽀뽀를 해요. 그 어머니는 아직도 아이가 너무 예쁘고 말을 잘 듣는다고 자랑을 합니다. 그

분은 조금만 학교 행정에 불만이 있으면 담임이 아니라 교장실로 달려가서 문제를 제기하는 분이었어요. 자식에게 피해를 주는 어떤 상황도 견디지 못하고 엄마가 나서서 다 해결을 해 주어야 직성이 풀리는 지나친 집착 때문이 아닌가 싶었어요. 언뜻 엄마와 아들의 관계는 좋아 보일 수 있지만 아버지와의 관계, 다른 형제들과의 관계, 장래 배우자와의 관계 등을 고려한다면 성장하는 자녀를 엄마가 아기처럼 독점하며 모든 일에 관여하려 하는 자세는 건강하지 못합니다.

사춘기는 엄마의 성숙기

아기를 낳던 기억을 떠올려 볼까요? 아기를 낳아 키우지 않았다면 내가 지금만큼 성숙할 수 있을까요? 자연인으로서의 나라면 견뎌 내지 못할 일들을 아기를 키우면서 견뎌 냅니다. 이기적이기만 하던 내가 아기라는 존재를 통해 나보다 남을 더 사랑하는 경험을 하게 되죠. 또한 내 아이에 대한 사랑이 다른 아이들, 나아가 약자들에 대한 사랑으로 커지는 경험도 해요. 그렇게 따지면 아이는 내가 키워야 하는 사람이기도 하지만 나를 키워 주는 사람이기도 하죠. 양육을 통해 나를 성숙하게 해 주는….

아이의 사춘기도 그러합니다. 엄마가 임신과 출산의 고생과 고통을 겪고 육아의 시련을 지나오면서 성숙했듯이 아이들의 사춘기를 지켜보고 지혜롭게 극복해야 하는 부모는 또 한 단계 인간적 성숙을 경험할 수 있어요. 그러니 이 귀한 시기를 멋지게 잘 이겨 보자고요. 우리 아이들은 사춘기를 관통해 힘겹게 알을 깨고 고치를 뚫고 나와 멋진 어른이 될 것이고요, 이 어려운 시기를 지혜롭게 통과한 우리 어머니들은 아이들의 뒷모습을 바라보면서 한 단계 성장한 자신을 보게 됩니다. 그리고 아이들이 자라면서 얻게 된 시간의 여유와 자아의 독립 앞에서 우리는 또 다른 단계의 인생을 살게 될 겁니다. 그걸 잘 맞이하기 위해서도 아이의 사춘기는 참 귀한 시기라는 거, 잊지 말기로 해요.

위험하고 부도덕한 일이 아니라면

지금은 아이들이 다 커서 마음에 여유가 생겨 느긋하게 이런 말씀을 드립니다만 사실 저도 아이들 사춘기 때 많이 힘들었습니다. 딸이 어린 아기를 아주 좋아하는데요, 몇 년 전에 제게 왜 셋째를 안 낳았느냐고, 지금이라도 늦지 않았으니 동생을 낳으면 자기가 돌보겠다고 말하더군요. 제가 당시 40대 중후반이었는데, 출산하기엔 나이도 많지만 셋째를 낳아 그 사춘기를 또 겪어 낼 자신이 없다고 웃으면서 말했습니다. 딸아이가 진지한 표정으로 "엄마, 우리가 말썽 많이 피워서 힘들었구나" 합니다. 농담이 아니고요. 임신과 출산도 힘들었지만 저는 아이들 사춘기가 더 힘들었던 것 같아요. 그때 이야기만 모아도 책 두 권은 쓸 수 있어요. 아들 이야기 한 권, 딸 이야기 한 권….

머리로는 '이 나이 때 아이들 다 이런다. 이럴 수 있다. 나 역시도 사춘기 때 감성 과잉, 자의식 과잉, 세상 비관 혹은 지나친 낙관, 친구 제일주의, 이상주의, 열등감과 자만심 사이의 냉온 지옥 경험, 이런 거 다 하지 않았는가' 하고 이해를 하면서도 막상 아이가 사춘기를 '앓'고 있으니 안정을 찾기 쉽지 않았어요. 학교에서는 어지간한 일에도 아이들에게 화내지 않고 너그럽게 이해하는 교사였던 제가 집에서 아이들의 사소한 행동에 분노가 폭발하는 경험도 많이 했답니다.

사춘기 때 아이들이 하는 행동을 어디까지 이해해야 할까요? 물론 경계를 넘으면 안 되죠. 사춘기라 그럴 수 있다고 이해하고 허용한대도 경계를 넘으면 안 되는 일이 있어요. 교복을 줄여 입고, 공부 대신 친구들과 몰려가 영화 보고, 친구네서 잠옷 파티 하고, 놀다가 늦게 들어오고, 엊그제 산 새 옷 친구에게 줘 버리고, 가출한 친구 재워 주고…. 못마땅한 일, 아슬아슬한 일이 한둘이 아니지만 적어도 절대로 해서는 안 될 일에 대한 경계만은 분명히 세워 주고, 경계를 넘지 않게 부모가 수용할 수 있는 부분과 아닌 부분에 대해서는 정확하고 단호하게 알려 줄 필요가 있어요.

가령 무면허로 오토바이 타다 다치고, 술 마시고 누군가와 싸우고, 범죄에 휘말리거나 위험에 빠지고, 성적性的으로 감당할 수 없는 방종한 행동을 하고…. 그런 것이 아니라면 사춘기 때 할 수 있는 행동에 대해 최대한 허용하는 게 좋다고 생각합니다. 억압하면 드러나지 않을 수는 있지만 사라지는 것은 아니거든요. 물론, 경계를 분명히 알려 주라고 해서 대놓고 "아들아, 오토바이는 안 된다, 담배는 피워도 된다" 이렇게 말할 수는 없겠지만요.

부모가 절대 해서는 안 될 말

어려서부터 부모와 대화를 많이 나눈 집 아이들은 사춘기 때도 어지간해서는 '선'을 넘지 않습니다. 그동안 잘 키워 왔다고 생각했는데 사춘기가 되어 돌변하는 것 같이 보인다고 해서 조급해하지 마세요. 아이가 힘들어하고 서로 소통이 되지 않는 것처럼 보일 때, 갈등이 생길 때에도 '엄마아빠가 너를 믿고 있다'는 믿음을 주어야 해요. '아, 엄마아빠가 나를 포기했구나' 하는 느낌을 받게 해서는 안 돼요. 사춘기 때 아이와 갈등이 생기면 부모도 인간인지라 감정이 고조돼서 무너져 버리는 경우가 생겨요. 엄격하게 훈육한다고 하면서 아이한테 상처를 주거나, 대화를 시도한다고 하면서 감정적 발언을 자제하지 못하거나. 부모가 솔직하게 아이에 대한 견해를 밝히고 감정을 표현하라는 양육법 충고를 오해하시면 안 돼요. 훈육과 감정 표현이 지나쳐서 부모와 아이와의 관계도 그르치고 상처 주는 경우도 많아요.

부모로서 해서는 안 될 말은 절대 하지 마셔야 해요. 하지 말아야 할 말이 뭐가 있을까요? "내가 널 괜히 낳았어", "엄마아빠 너 때문에 이혼한다", "너 때문에 엄마 죽고 싶다" 이런 말들은 정말 그런 생각을 했다 해도 해서는 안 됩니다. 아이 가슴에 상처를 남깁니다. 대개는 욱해서 내뱉는 말들이지 진심이 아니죠. 진심이어도 해서는 안 될 말이고, 너무 속상해서 한 말이라면 어리석어서 또 나쁜 말 아닙니까? 나중에 아이와 부모의 관계가 좋아져도 저런 말들은 잊히지 않거든요.

그런 아픈 말들이 아이에게 강력한 훈육의 효과가 있지 않겠느냐고요? 절대 효과 없습니다. 그런 말을 듣고 충격받고 반성해서 말썽 안 피울 아이라면 그 이전에도 말썽 안 피웠겠죠. 사춘기 아이들은 자기 생각만 해요. 세상의 중심에 자기가 있고요, 자신의 고뇌가 너무 무거워서 엄마아빠에 대한 고마움이나 미안한 마음이 그다지 작동을 하지 않아요. 그런 아이에게 효과도 없을 저런 말, 절대 하지 마세요.

만약 실수로 그런 말을 하고 말았다, 그럼 어쩌죠? 얼른, 빨

　　교사와 부모 사이

리, 당장, 진심으로, 진지하게 사과해야 합니다. "엄마가 너무 슬펐어, 화가 나서 실수로 그렇게 말했어. 진심이 아니야. 진짜 미안해." 그런데요, 사과할 때 주의할 게 있어요. 사과할 때 엄마들이 보통 이렇게 말해요. "엄마가 미안해, 그런 말 해서…. 아깐 너무 화가 많이 나서 그랬어…." 여기까지는 좋아요. 그런데 그다음에 덧붙이는 말, "네가 이렇게 저렇게 행동하니까 엄마가 너무 화가 나서…" 이러면 다시 싸워요. 사과하려는 자세가 아니라 사과를 빙자해 다시 훈육하려는 거죠. 사과와 훈육이 섞이면 안 되고요, 사과할 때는 사과만, 훈육은 따끔하게 훈육만 나누어서 해야 효과가 있습니다.

아이에게 절대 해서는 안 될 말은 하지 말라는 선생님
강의 듣고 저는 가슴에 찔리는 일이 있었어요. 말로 준 상처는
아니지만 아이가 초등학교 4학년 때 너무 화가 나서 아이를
확 밀친 적이 있었거든요, 침대에서. 아이가 침대에 벌렁
누워 버렸죠. 그 일이 두고두고 잊히지 않았는데 강의를 듣고
사과를 해야겠다 싶었어요. 왜냐하면 지금도 가끔 아이가
그때 일을 이야기하거든요. "엄마 그때 왜 그랬어?" 하고
물으면 저는 입장이 곤란하니까 얼버무리거나 짜증을 내거나
그랬지 사과할 생각은 못 했어요. 그런데 강의를 들은 날
가서 진지하게 대화의 자리를 마련하고, 오래전 일이지만

진심으로 사과한다고 말했어요. 여기까지는 좋았어요.
저도 마음이 편해졌고 아이도 좀 풀린 것처럼 보이고….
그런데요, 가끔 그 일을 꼬투리로 잡아요. "그때 엄마가 날
밀었잖아, 왜 그랬어?" 이렇게. 그러면서 마치 제 약점을 잡은
것처럼 제가 잔소리 좀 할라치면 그 얘길 꺼내요.

지난번 선생님 말씀대로 다시 또 이야기 자리를 마련했어요.
엄마가 실수했고 미안했고, 그래서 사과했는데 네가 자꾸
그 이야기를 꺼내면 마음이 불편하다고요. 그랬더니
"이제는 나도 그 이야기는 안 꺼낼게" 그러더군요. 그리고
정말 그 일은 잘 해소가 된 것 같아요. 그런데요, 저랑 앙금이
풀리고 친해졌다고 생각해서 그런지 이번엔…. 학원에서
돌아와 씻고 뭐 먹고 그러면 밤 11시쯤 되거든요? 엄마아빠
방에 와서 수다를 떨다 가요. 뚱하기만 하던 애가 조잘조잘
하루 동안 있었던 일을 떠들고 제 침대에서 뒹굴뒹굴하다가
어떨 땐 새벽 1시까지 놀다 간 적도 있어요. 제가 "내일 학교
가야지" 하고 등을 떠밀어도 안 가요. 저도 아이랑 이야기
나누는 것은 즐거운데, 때로는 좀 피곤하기도 하고 '내일
일하러 가야 하는데' 하고 걱정도 되고, 어떡하죠? 이야기를
못 하게 하면 또 사이가 전처럼 벌어질까요?

- 꽃미남 엄마

우리 학교 학부모 연수를 마치고 나면 많은 어머니가 개별 상담을 하고 가시는데 그중 한 분이 저와 나눈 이야기예요. 제가 뭐라고 했게요? 아이 등을 떠밀지 말라고 했어요. 좀 피곤하면 어때요. 잠 좀 못 자면 어때요. 중2 남자아이가 엄마랑 미주알고주알 이야기 나누는 집이 어디 흔합니까? 어머니는 이 행복을 충분히 즐기시라고 했어요. 그런 대화의 시간이 1년이 갈까요, 2년이 갈까요? 그리 길게 가지 않습니다. 시험이 닥치고 생각할 문제가 생기고 친구랑 통화해야 하고, 이러면 그 대화는 엄마가 원해도 지속하기 힘들어요. 그러니 그런 마디가 생기기 전까지 아이가 원하는 만큼 충분히 귀를 기울여 주셔야 해요.

아이들, 금방 큽니다. 엄마들은 육아가 너무 힘드니까 어느 세월에 저 녀석들이 클까 싶지요? 얼른 애들이 커서 엄마에게도 육아와 가사의 노고를 벗는 날이 왔으면 하시죠? 생각보다 그 시간은 빨리 옵니다. 오히려 아이들이 자라는 하루하루를 아깝다고 생각해 보세요. 지금 이 순간, 식탁에 마주 앉아 친구가 어떻고 학원이 어떻고 종알거리는 아이의 입술을 보는 이 순간은 다시 오지 않습니다. "엄마, 나 새로 산 옷 어떤지 봐 줘" 하고 뛰어나오는 곱디고운 딸아이의 모습은 지금 이 순간뿐입니다. 바빠서 이야기 못 나누고 자기 남자 친구, 여자 친구 만나느라 엄마랑 같이 티브이 보면서 깔깔거릴 시간을 못 내는, 그런 날이 곧 옵니다. 그러니 지금 이 순간을 충분히 즐기세요. 아이가 먼저 "엄마, 나 오늘 힘들었어"라고 말할 때 빨리 안아 주세요. 엄마 침대에 기어들어 와 겨드랑이에 파고들 때 "다 큰 애가 왜 이래, 징그럽게…' 하고 밀어내지 말고 얼마나 컸나 꼭 안아 주세요. 아니, "엄마 좀 안아줘 봐" 이렇게 말해 보는 것도 좋아요. 힘든 일 있을 때 사춘기 아들이나 딸의 토닥임을 받는 것도 행복한 추억이 됩니다.

'지랄 총량의 법칙'

사춘기에 바치는 위로의 헌사(?) 중에 '지랄 총량의 법칙'이란 말이 있습니다. 사람은 누구나 일생 동안 떨어야 할 '지랄'의 총량을 갖고 태어난다, 그게 가장 폭발적으로 발현되는 시기는 사춘기다, 그러니 이 시기를 잘 넘기면 평화가 오리라…. 그런 의미이겠지요? 사춘기에 별다른 변화 없이 지내는 아이들도 많다고 해요. 어떤 통계에는 소위 말하는 사춘기적 증상을 겪는 이가 25%밖에 안 된다고 보도했다고 하는데 적어도 우리 학교 아이들이나 제가 겪은 아이들만 보면 저 통계는 틀렸고요, 사춘기 때 저항도 없이, 부도덕함 없이, 이기심 없이, 감정 기복 없이, 아무 일 없이 자라나는 아이들은 거의 없는 것 같아요. 저는 오히려 그렇게 크는 것이 좋은 것만도 아니라고 생각합니다. 말도 안 되는 상상, 비록 혼이 나고 낙담하더라도 맛보게 되는 일탈, 그런 것들을 거쳐야 그 시행착오를 통해 더 성숙해질 수

　교사와 부모 사이

있을 텐데 아무 일 없이 큰다는 것은 아이들에게 에너지가 너무 없거나 어른들 에너지에 억눌려서 그런 것일 수도 있어요.

성장 과정에는 각각 그 단계에 알맞은 성장의 징후가 있지요. 말하자면 뒤집기도 못 하던 아기가 일어나서 갑자기 걸을 수는 없잖아요. 사춘기 아이들도 정서적으로 거쳐야 하는 단계들이 있어요. 아이들이 짜증을 내고 우울해하고 집중을 못 하면 부모는 속이 많이 상하겠지만 그 역시 성장 과정에 겪는 성장통일 수 있다는 것, 부모가 힘든 것 이상으로 아이는 더 힘들 수 있다는 것을 이해해 주세요.

어차피 아이 인생에서 결국은 찾아가게 될 길, 어른이 되어서 스스로 가게 될 길을 사춘기 때 일시적으로 억압하여 못 가게 해서 마음속 행복감을 짓밟고 나서 나중에 사회적 성공을 하면 뭐 합니까. 그렇게 해서는 부모가 바라는 그 성공이라는 것도 이루기 쉽지 않을 것이고, 외형적으로 성공했다 한들 그게 의미가 있을까요. 결국 부모는 아이의 행복을 바란다고 하는데 아이가 행복해하지 않는 성공을 손에 쥐여 주고 행복하기를 비는 모순에 빠지지 않을까요?

뒤집어 생각해 보면 사춘기는 아주 좋은 시기예요. 저는 정말 일생에 단 한 번, 최고로 극적인 변화를 겪을 수 있는 멋진 시기가 바로 사춘기라고 생각해요. 대부분 정신적 영역, 감성 등의 기초가 사춘기 때 형성됩니다.

유명한 예술가들의 예술적 감성이 촉발된 시기, 예술에 발을 들여놓게 된 계기를 살펴보면 청소년기의 경험들이 참 중요하다는 것을 알 수 있어요. 그때 만난 음악, 그때 만난 멘토들, 갈망한 것들, 정신적 고양 상태, 그런 것들이 그들의 감수성을 세상으로 나오게 했잖아요. 물론 아이들 각자가 타고나는 재능이나 기질도 있겠지만 그것을 잘 키울 수 있는지 없는지를 결정해 주는 것도 이 시기예요. 이 시기의 울뚝불뚝 불균형하고 부조화된 행동 양태도 오히려 잘 이용하면 사춘기를 정말 멋진 시기로 만들 수 있어요.

어느 날 내가 죽었습니다

이경혜의 소설 《어느 날 내가 죽었습니다》를 자녀와 함께 읽고 오기로 했지요?

요즘 나오는 청소년 소설들이 청소년들의 일탈을 과장하듯 보여 주는 경향이 있는 데 비해 책 속의 등장인물들은 그냥 보통 아이들이에요. 워낙 공부도 못하고 반항적인 아이라서, 혹은 너무나 우울하고 생각이 깊은 아이라서, 혹은 특수한 상황에서 세상을 냉소적으로 보게 되었다거나 어른들로부터 많은 배신과 불신을 경험했기 때문이라서 등의 이유가 아니라서 더 주목하게 돼요. 주인공 재준과 그의 삶을 대신 이야기해 주는 서술자 유미는 평범한 아이들입니다.

이제 청소년들의 일탈은 몇몇 아이들의 문제가 아니라 청소년 전반의 문제라는 겁니다. 그렇게 된 원인은 사회적으로 부도덕이 만연하게 된 점, 부모가 아이의 인성보다 학업에만 신경을 쓰게 된 점, 학교가 수십 년 동안 남발해 왔던 거짓 도덕률이 그 정체를 들켜 버린 점, 그 자리를 메꿀 진정한 도덕적, 교육적 권위를 갖추지 못한 점, 대중 매체가 아이들을 유혹한 '자유'의 가치와 정치적, 사회적 의미의 '자유'의 가치가 어우러지지 않은 점 등 복합적이겠지요.

내 아이를 다 안다는 착각

전에 담임할 때 오늘은 우리 반 아이들 중 몇 명과 대화를 나누었나 헤아려 본 적이 있었어요. 하루에 서른 명 중 열 명도 채 안 된 것 같아요. 제 나름대로는 아이들과 꽤나 대화를 많이 하는 교사라고 자부하는데도 말이죠. 이름을 불러 준 아이들은 대부분 떠드는 아이, 수업 태도 안 좋은 아이, 장난꾸러기인 경우가 많죠. 오히려 조용하고 별 말썽 안 피우는 아이들은 교사의 관심 영역에서 멀어요.

그들은 고민이 없을까요? 오히려 그 안에 보기보다 성숙한,

보기보다 우울한, 보기보다 끔찍한 내면이 있어요. 그걸 어찌 아느냐고요? 제가 그랬으니까요. 저도 어른들 눈에 잘 안 띄는 학생이던 시절이 있었어요. 그러나 그 시절이 제게 가장 순정한 감성의 시대였고 극단적인 우울과 몽상의 시대이기도 했어요. 어쩌면 그 시절에 일탈을 했을 수도, 자살을 했을 수도 있었어요. 특별한 이유는 없었지만 그럴 수도 있었던 것 같아요. 만약 그때 자살을 했다면 모두 의아해했겠죠. 조용히 학교 잘 다니던 아이가 왜 그랬을까, 하고요. 제가 무슨 책을 읽는지, 무슨 생각에 빠져 사는지, 세상을 어떻게 염오^{厭惡}하는지, 어른들은 아무도 몰랐거든요.

어른들 눈에 띄지 않게 자기만의 세상에서 많은 일을 벌이고 있는 아이들이 있어요. 이 책은 그런 보통 아이들의 깊은 내면에 대해 상기하게 해 줍니다.

이제 아이들의 내면에 주목해 보자

어른들이 바라보는 아이들의 사춘기 모습은 너무 단편적이에요. 누구나 자기가 경험한 것을 강요하고 경험하지 않은 것은 이해하려 들지 않아요. 사실은 부모들이 어린 시절에 어떠했는지를 잊어버렸을 수도 있고요, 잊지는 않았다 해도 자기가 경험한 것에만 비추어 아이들을 해석하려 들지요.

사춘기에 주목해야 할 요소는 친구와의 관계의 형성, 부모나 교사에 대한 관계의 비틀어짐, 세상에 대한 인식의 변화와 같은 외적인 변화로 인한 갈등, 반항, 일탈만 있는 것은 아닙니다. 겉으로 나타나는 행동의 변화는 가벼운 짜증에서부터 범죄에 이르기까지 범위가 넓지만 우리가 주목해 봐야 하는 것은 아이들 내면의 변화이기도 하지요. 대개 그것은 눈에 잘 띄지 않고 행동으로 드러나지 않는 경우가 많아 어른들이 주목하지 못하지만 사실은 가장 위험한 요소일 수도 있어요.

사춘기 아이들은 인생에서 가장 저열한 시기를 보내요. 성욕은 충만하고 호기심이 극대화되어 엽기적인 행태에 관심이 많아요. 관음증은 또 어떤가요? 폭력적 행동과 언사는 말할 것도 없고요. 지적인 내면의 교양이 채워지지 않은 상태에서 자신감은 오직 외모와 '폼'만으로 채워지죠. 내면이 성숙해서 멋져 보이는 카리스마, 그런 건 아직 관심이 없을 때고요. 남자아이들이 좋아하는 '카리스마'의 요소 중에는 상대가 눈치챌 수 없는 신비감을 조장하기 위한 침묵도 들어가는데, 그 침묵이란 게 원래 가진 게 많지만 함부로 나대지 않음으로써 보이지 않는 무게감을 상대가 느끼게 해야 카리스마가 느껴지는 거 아닌가요? 그런데 남자아이 중에는 안에는 알맹이가 하나도 없는데 그냥 '뭔가 있어 보이는' 그런 카리스마를 갖고 싶어 하는 애들이 많아요. 참 허술하고 우습죠? 그런데 또 그게 이 나이 또래 아이들한테는 먹히고, 본인들한텐 엄청 중요하거든요.

허세, 과장, 성욕 충만한

그런데 사춘기 때 이런 허세와 과장만 있는 게 아닙니다.

이때 아이들의 초자아는 무럭무럭 성장합니다. 비록 허세에서 비롯된다 하더라도 아이들의 의협심이 자랄 수 있는 좋은 시기이기도 해요. 어른이 되어 이성적이 되면 그 이성은 현실적 판단과 맞물려 사람을 냉소적으로 변화시킬 수 있는데, 그런 게 소위 어른스러운 거라면 어른이 되는 게 좋은 것만도 아니잖아요? 순수한 마음으로 불쌍한 이, 약한 이를 도울 수 있는 의협심은 오히려 주먹깨나 쓰려 드는 아이들한테서 더 많이 나타날 때가 있어요.

아이들 하는 말 중 "너 양아치냐?" 하는 말이 있어요. 상대를 모욕할 때 쓰는 말인데, 재미있는 것은 어른들이 볼 때 소위 '양아치' 같은 행동을 하고 폼 잡고 다니는 아이들끼리도 저 말을 한다는 거예요. 가령 누가 선생님이 옆에 있는데도 쌍욕을 한다거나, 교실에 침을 뱉었다거나, 성추행하는 사람 이야기가 나오면 저렇게 말해요. 그러니까 폭력적인 행동을 하는 것과 의리를 착각하는 아이들에게는 바른 도덕률을 제시함으로써 그들 깊은 곳에 숨어 있는 의협심을 좋은 방향으로 이끌어 내는 게 중요한 일이죠.

옳고 그름을 잘 몰라서 그런 행동을 하는 아이도 의외로 많아요. 야단을 친다고 나쁜 행동을 하지 않는 게 아닙니다. 야단치는 것과 교육하는 것은 다릅니다. "너 이 새끼 왜 그딴 짓을 했어!"가 아니라 "친구를 때리는 일은 이러저러한 이유로 비겁한 행동이고 해서는 안 되는 행동이다"라고 알아듣게, 자주 말해 줘야 해요. 요즘은 바르게 훈계하는 교사나 부모가 적어요. 학교에서도 좋은 이야기를 들려주는 교사들이 점점 줄어듭니다. 과거의 교사들이 학생들을 '지도'만 하려는 게 문제라면 요즘 교사들은 그저 학생들을 '관리'할 뿐 진정한 교육이 행해지지 않는다는 게 문제죠.

그러나 아름다운 감수성의 시대

사춘기는 감수성이 가장 발달하는 시기이기도 해요. 우리 어머니들, 음악을 가장 많이 듣던 시기가 언제였나 되돌아봅시다. 음악을 삶의 길로 선택하지 않는 대부분의 사람도 10대, 20대에 가장 음악을 많이 듣죠. 그다음에는 살기 바빠서 안 듣고 못 들어요. 이 시기에 아이들이 음악을 많이 듣게 해 주어야 합니다.

노래를 들으며 공부하는 것은 이맘때 아이들의 보편적인 현상이에요. 자녀가 친구들이 듣는 음악 경향도 모르고 오직 공부만 하길 바라는 게 아니라면 평소에 이어폰이 닳도록 듣는다고 잔소리하지 마시고 허용해 주는 게 좋아요. 물론 가사가 있는 노래를 듣는 건 분명 학습에 방해가 되죠. 학습 전략에 관한 심리검사에 대해 학부모 연수를 하러 온 심리검사 단체 연구원이, 아이들이 정 음악을 들으면서 공부하고 싶다고 우기면 클래식이나 영어 노래를 듣게 하라고 말해서 학부모들이 웃은 적이 있었어요. 영어 노래는 못 알아들어서 뇌세포가 헷갈리지 않는다네요. 물론 음악 안 듣고 공부에만 집중한다면야 좋겠지만 공부를 아예 안 하는 것보다는 노래를 들으면서라도 공부하는 아이가 더 기특하지 않나요? 공부하는 내용과 가사가 섞이면 뇌세포가 집중을 못 한다는 정보만 알려 주시고 아이가 선택하게 하는 게 좋지 않을까요? 우리 집 아이들 보니까 고등학생이 돼서도 음악을 들으며 공부하진 않더군요.

사춘기에 들은 음악은 평생의 자양분이에요. 중고등학교 시절에 들은 음악이 마치 깊은 지하수처럼 제 안에 고여 있다가 가끔씩 솟아나곤 합니다. 오히려 어른들이 아이가 듣는 음악을 같이 들으며 대화를 나누려고 노력해야 해요. 할 수 있다면 다양한 음악의 갈래를 공유하면 더 좋죠.

시를 접하기에 좋은 시기이기도 해요. 남자아이들은 여자아이들에 비하면 시를 싫어할 것 같지만 모두 그런 것은 아니고요, 실은 좋은 시를 편안히 만날 기회가 없어서 그렇기도 해요.
감수성 교육을 할 때 제가 자주 인용하는 시가 윤동주의 〈팔복
八福〉입니다. 아이들에게 인간의 감정 중 가장 소중한 감정이 '슬
픔과 두려움'이라는 말을 해 주면서 혼자 앉아 있는 시간에 문
득문득 찾아오는 자신만의 감정을 소중히 여기라고 하죠. 대
부분 "뭔 소리래?" 이럴 것 같죠? 깊은 사춘기에 잠입한 감성 소
년들은 그런 메시지를 또 진지하게 받아들인다니까요. 원래 교
육이라는 게 '지금, 당장, 모든 아이들에게, 전격적으로, 전폭적
으로 영향을 주어 행동을 바꾼다'가 아니거든요. 몇몇 아이들
에게 전율처럼 다가갈 수도 있고 오늘은 무심히 흘려들은 말이
마음 깊이 숨어 있다가 정말 힘들 때 나올 수도 있고, 스며들 듯
다가오기도 해요. 부모나 교사의 말들이 저 깊은 곳에 저장되
었다가 내 삶의 방향을 바꾸었음을 뒤늦게 깨닫는 날이 올 수
도 있고요. 교육과 양육, 가르침이라는 게, 인간을 길러 낸다는
게 그렇게 길고, 오래 걸리고 표 안 나게 소중한 예술적인 작업
이라는 겁니다.

자아와 영성을 만나는

　사춘기는 자아에 대해 생각할 시기이기도 해요. 사춘기 때
는 우월감과 열등감이 극대화돼요. 어른이 되어 어느 정도 살

아 보면 그렇게 잘난 사람도, 그렇게 못난 사람도 없다는 깨달음에 도달하게도 되고 자기의 못남도 어느 정도 안고 가게 되지만 사춘기 때 아이들은 자기 자신이 누군지조차 잘 모릅니다. 어떨 땐 자기가 꽤 괜찮은 아이 같다가도 어떨 때 한없이 못나 보이고, 게다가 그 못남을 극복할 길도 없다고 느껴지기도 해요.

우월감이 강한 사람일수록 열등감이 심하다고 이야기해 주면 여러모로 재능이 있는 몇몇 아이들이 많이 공감해요. 물론 열등감만 심한 아이들이 더 많지요. 그래서 이 시기에 자기 자신에 대해 들여다보는 일은 매우 중요하답니다. 자신을 100% 정확히 아는 것은 불가능하지만 어느 정도는 자기를 알고 있어야 스스로에게 미안하게 살지 않을 수 있을 것 같아요. 이맘때 아이들은 거울에 보이는 나와 남들이 보는 내가 정말 같을까, 남들도 나를 내가 생각하는 것처럼 생각할까, 하고 궁금해해요. 예전 아이들은 설문지 100문 100답 이런 노트를 만들어 친구들에게 돌리곤 했잖아요. 그게 다 서로를 알아가기도 하지만 자기를 궁금해하는 아이들다운 놀이였어요. 요즘 아이들은 그런 것도 잘 안 해요. 서로 알아가는 과정도 자신을 알려는 노력도 점점 부족하고 자신의 모습은 SNS에서 반사 혹은 투영될 뿐이에요. '좋아요'와 팔로워 수로 존재감을 확인할 뿐이기에 진정한 자기 모습을 혼자 바라보는 시간을 가지려고 노력하지 않고 '보이는' 자기 모습을 진짜 자기 모습인 줄 착각하죠. 어른이되면 살기 바빠서 더더욱 자기가 누군지 생각할 시간을 갖기 어렵잖아요. 그나마 사춘기 때, 자신에게 관심이 많을 때 자기를 들여다볼 시간을 갖게 해 주어야 해요.

수업에서 헤르만 헤세의 《데미안》 이야기를 자주 들려줍니다. 데미안은 에밀의 친구이지만 에밀이 자아를 만날 수 있도록 이끌어 준 정신적 지주 노릇을 한 친구였어요. 너희들 시기에 그런 친구를 만나야 한다는 이야기를 해 줘요. 알을 깨고 나오는 새의 이야기도 들려줍니다. 사춘기라는 게 그렇게 자기 세계를 깨고 나와 자기임을 인식하는 시기이고, 필연적으로 고통이 따른다는 것도요. 부모나 교사는 밖에서 알껍질을 쪼아 주는 '줄탁동시啐啄同時'의 역할을 하지만 무엇보다 중요한 것은 알 안의 새가 아직 여물지도 않은 여린 부리로 그 딱딱한 껍질을 쪼아 대는 고통을 감수하는 시간이라는 것을요.

그리고 그렇게 자아 찾기를 잘하기 위해서 거울 보기, 일기 쓰기를 하라고 주문해요. 밤에 혼자 자기 방에 앉아서 거울을 들여다보라, 세수를 깨끗하게 하고 가장 잘생겨 보일 때, 예뻐 보일 때 거울을 보라고 합니다. 그리고 소리 내어 자기에게 말을 걸으라고요. 너의 맑은 눈동자를 바라보면서, 넌 정말 괜찮은 아이다, 지금 열심히 살고 있는 네가 좋다, 이렇게 스스로 긍정의 메시지를 보내라고 해요. 일종의 마인드 컨트롤이죠. 그리고 일기를 쓰라고 이야기합니다. 일기만큼 자아를 들여다보기 좋은 거울이 없으니까요.

이때는 또 영적인 세계와 신비로운 정신적 영역에 눈을 뜨는 시기이기도 합니다. 아이들이라고 해서 오직 몸의 즐거움만 취하려 들지는 않아요. 많은 사람이 신앙을 처음 만나는 시기가 사춘기이기도 해요. 꼭 종교를 갖지 않아도 신적인 존재에 관해 관심을 갖고 궁금해하는 시기이기도 하죠. 그래서 이 시기 아이들에게 성소를 체험하게 하고 예수나 석가 같은 이들의 행적을 만나게 하는 것이 참 중요한 일입니다. 당장은 무심한 듯 보여도 세월이 흐르고 어른이 된 후 신앙의 길로 가게 되는 계기가 될 수도 있어요. 우리 집은 특별한 신앙은 없지만 여행을 가거나 하면 아이들에게 성당이든 교회든 절이든 꼭 들어가 기도를 하게 해요. 지금 네 마음을 기도에 담아 보든지 간절히 원하는 것을 이야기해 보라고 해요. 때로는 아픈 가족을 위해서도 기도하고 자신에 대한 불만을 털어놓기도 하죠. 기도라는 게 신을 만나는 시간이기도 하지만 자신을 만나는 시간이기도 하잖아요.

제가 오래전에 '문화사랑반'이라는 특활반을 운영한 적이 있었어요. 서울 시내 여기저기 '문화'라 이름 붙일 만한 곳을 찾아다녔어요. 연극 보러 대학로도 가고 전시회도 가고 예술의 전당도 가고 화계사도 가고 명동성당도 가고…. 절에 가면 꼭 대웅전 안에 들어가 보라고 했고 명동성당에 갔을 때도 아이들에게 조용히 앉아서 3분 정도 기도하고 나오라고 했어요. 꼭 가톨릭 신자가 아니더라도, 다른 신앙을 가진 친구는 자기의 종교적

대상을 향해, 무신론자라면 자신과의 대화라도 좋으니 나누고 오라고요. 당시 학교에서 학생부깨나 들락거리는 아이가 있었는데 그 녀석이 오래오래 울면서 기도하는 뒷모습을 보았어요. 정말 마음이 서늘해지더라고요. 사람은 누구에게나 남들이 들여다보기 어려운 정신세계도 있어요. 그 크기가 작은 아이들은 그걸 키워 주고, 감수성이나 영성이 발달한 아이들은 그게 잘 발현되게 도와주고, 상처받은 아이들은 그 상처를 드러내 말할 수 있게 하는 표현의 도구들을 쥐여 주고, 그게 어른들이 할 일이겠죠.

아이들이 판타지 소설이나 게임을 좋아하는 것도 한편으로는 그런 영적 세계, 미지의 세계에 대한 갈구가 반영된 면이 있다고 봅니다. '여기' 아닌 '저기'를 꿈꾸는 사람들의 갈증, 뭔가 신비한 것에 대해 알고 싶어 하는 마음, 깊은 정신세계에 대한 궁금함 같은 것들이 증폭되면 신앙이 되기도 하고 그걸 찾아 여행을 떠나기도 하고 문학에 심취하기도 할 텐데요, 길을 잃은 아이들은 그것을 판타지 소설 같은 데서 찾기도 하고 환상적인 시뮬레이션 게임 속에서 찾기도 합니다. 그래서 오히려 아이들이 그런 데 빠져 있다면 못 하게 하기보다 더 고급스러운 작품을 접할 수 있도록 유도하는 게 좋겠죠.

어머니, 당신의 사춘기는?

이참에 우리 어머니들의 사춘기도 한번 돌아봅시다. 활동지를 통해 우리의 과거로 돌아가 봅시다. 참 좋기도 하고 힘들기도 한 시기였죠? 아이들에 대해 던지는 질문을 똑같이 자신에게, 나의 사춘기에 던져 보아요. 이제 슬슬 눈을 어머니 자신에게도 돌려볼 거예요. 내가 누군지, 나는 어떠했는지, 나의 상처가 무엇인지를 들여다보면 그 너머에 아이가 보입니다.

청소년기에 나는 어떨 때 힘들었나요? 죽고 싶은 적이 있었나요? 이성에 관한 관심은 어떠했나요? 내가 분개한, 정의롭지 못한 장면은 무엇이며, 그런 장면을 보았을 때 나는 어떻게 대처했나요? 나는 감수성 충만한 소녀였나요? 어떨 때 감수성이 불꽃처럼 피어올랐던가요? 나는 자존감이 높은 소녀였나요? 가장 열등감을 느낀 때는 언제였나요? 생각이 많은 청소년이었나요?

내가 '자아 성찰' 분석심리학에서는 이것을 '자기화', '개성화의 길'이라 합니다 의 길로 갈 때 나에게 '데미안'이 되어 준 이는 누구였나요? 내게 줄탁동시啐啄同時의 '탁啄'이 되어 준, 바깥에서 나의 알껍질을 깨 주던 이는 누구였나요? 영적인 세계, 정신적으로 높은 단계에 대한 갈망이 있었나요? 그런 관심을 어떻게 표현했나요? 그리고, 나의 사춘기와 아이의 사춘기는 어떻게 같고, 또 다른가요?

다음 시간에는 '사춘기의 성性'에 대해 이야기해 볼 겁니다.

역시 아이들과 함께 읽을 수 있는 성장 소설 몇 편을 소개해 드
릴 테니 이 중 한 편을 읽어 오세요. 강좌가 열리기 전, 혹은 후
에 아이들과 함께 이 작품에 대해 이야기 나누어 보시는 것 잊
지 마시고요. 구병모의 《위저드 베이커리》와 신운선의 《두 번
째 달, 블루문》, 그리고 이금이의 《유진과 유진》입니다.

사춘기 돌아보기

❶ 보통 아이, 문제 아이

내 아이는 어느 쪽인가?

평범한 가정에서 자란 아이가 문제 행동을 하는 이유는 무엇이라 생각하는가?

청소년 일탈은 개인의 문제일까, 사회적 현상일까?

내 아이에게 겉으로 보이는 게 다가 아닌 '무언가'가 있다고 느끼는 부분은 무엇인가?

❷ 나(엄마)의 사춘기 반추하기(글쓰기)

- 자살 충동, 성적인 관심, 객기
- 의협심
- 감수성
- 우월감과 열등감, 조증과 울증 사이에서
- 자아 성찰(나의 '데미안', 내게 줄탁동시 [啐啄同時]의 '啄'이 되어 준 이는?)

나의 사춘기

아이들과 함께 읽는 성장 소설

책 제목

중학교 2학년이
뭘 그렇게 잘못했니

오직 성적과 성과만을 위해 독선과 불통을 일삼던 어떤 교장이 아이들에게 '공부도 중요하지만 마음이 따뜻한 사람이 되어야 한다'고 훈화하는 것을 보고 기가 막혔던 일이 있다. 어쩌면 수년 전 예산안을 날치기 통과시키고 난 여당 원내대표가 부끄러운 줄도 모르고 '이것이 정의다'라고 말했을 때, 그때부터가 시작이었는지도 모른다. 막연하고 아슴아슴하던 것들에 정확한 언어를 부여하는 일은 미덕이지만 이렇게 자신의 행동을 치레하기 위해 부정확하거나 잘못된 명명을 하는 건 오히려 세상을 잘못 이끌어 갈 수도 있다.

서론이 거창했지만 단지 '중2병'에 대해 그것이 잘못된 '이름 짓기'는 아니었는지를 묻고 싶었을 뿐이다. 나는 지금 남자 중학교 2학년 담임과 3학년 수업을 맡고 있다. 역시나 가장 많이 받는 질문이 '중2병이라는 말도 있는데, 애들 다루기 힘들지 않으냐?'라는 것이다. 애들을 '다루어야 할' 대상이라고 생각하지도 않거니와 중2라서 '더' 힘들지도 않다. 학교마다, 해마다, 반마다 차이가 있어서 그런 것일 수도 있는데, 지금 내가 맡은 반과 내가 수업을 들어가는 반에서 중2병은 '없다'. 말썽 피우는 아이들이 없다는 뜻이 아니다. 이른바 '중2병적 증세'는 매우 개별적인 현상이라는 것이다.

많은 언론에 의해 '중2병'이라고 '선언'이 된 이후, 별로 '중2병'스럽지 않던 아이도 자기가 하는 행동을 돌아보며 '내가 중2병인가?' 생각하기도 하고, 그다지 염려할 정도가 아닌 일반적인 청소년기의 현상들조차 병증으로 인식되는 현상이 팽배해지고 있다.

그 또래 자녀를 둔 어머니들도 고통을 받고 있다. 아이들에게 잔소리라도 할라치면 "나 사춘기거든? 사춘기 땐 원래 이런 거거든!" 이러면서 자기 행동에 대한 반성이나 사과를 하지 않는다는 것이다. 그런 용어들이 아이들의 잘못된 행동에 대한 면죄부가 될 수는 없지 않은가.

예부터 사춘기적 특성은 동서고금 비슷하게 있었다. 만약 사춘기를 '병적인 시기'로 보아 그와 같이 명명했다면 나는 사춘기에 대한 옹호론을 펴고 싶다. 아이들이 대체로 정서적으로 불안하고 예민한 것은 감성이 최고조로 순정한 시기이기 때문에 그런 것일 수 있다. 어른에게 반항하고 걸핏하면 짜증을 내는 시기이지만, 한편으로 인생에 걸쳐 가장 많은 음악을 몰입해서 듣는 시기이기도 하다. 친구들과의 관계 맺기를 통해 울퉁불퉁하게나마 사람 귀한 줄을 알게 되는 시기이다. 삶과 죽음, 영적 세계와 신비로움에 대해 민감하게 관심을 두는 시기이기도 하다. 창의적인 직업을 가지고 있는 사람들 태반이 이 시기에 자신의 예술성을 발견했고, 사회적 정의를 삶의 기조로 삼아 살아가는 사람들 대부분이 이 시기에 세상에 눈을 뜬다. 그냥 평범한 삶을 살아가는 사람들도 사춘기 때만큼 맑은 감수성의 시기를 이후에 별로 누리지 못한다. 그래서 나는 아이들에게 지금 힘들지만 얼마나 아름다운 시기를 보내는지 감사히 여기고 자기 자신을 잘 들여다보라고 한다.

'병'은 아이들이 아니라 어른들이 앓고 있다

'중2병'이니 '사춘기'라는 말을 변명 삼아 쓴다고 해서 아이들이 그 용어를 좋아하느냐 하면 그런 것도 아니다. 어떤 아이가 수업 시간에 "'중2병'이라는 말로 모든 중학생을 뭉뚱그려 이상한 행동을 하는 아이들인 것처럼 바라보지 말아달라"는 요지의 글을 썼다. 그냥 좀 피곤해서 짜증을 부렸더니 "너 중2병이냐?" 이런 반응이 돌아온다는 것이다. 어쩌면 이 시기 아이들이 부리는 짜증 중에는 생물학적 변화에 기인한 것 외에 '대한민국 청소년'이기 때문에 받을 수밖에 없는 '사회적 스트레스'에 따른 것도 많을 것이다. 사회가 아이들을 불행하게 만듦으로써 부정적인 행동을 하게 한 책임은 덮어 두고 그 모든 것을 다 '중2병'으로 명명하는 것은 매우 무책임한 일이다.

단언컨대 대다수 중2는 지극히 정상이다. 눈에 뵈는 것도 없고 무서운 것도 없는 나이가 아니다. 무서운 것도 많고 힘든 것도 많지만 그것들을 견디면서 하루하루를 열심히 살아 내려 애쓰고, 세상의 규범에서 가능한 한 벗어나지 않으려 노력하는 청소년이 대부분이다. 그들 모두를 '중2'가 아닌 '병'으로 묶어서는 안 된다. 병은 아이들이 아니라 어른들이 앓고 있다. 어른들의 반성과 사회적 분석 없이 아이들을 병자 취급하지는 말았으면 좋겠다.

●

《시사인》 제371호(2014년 10월 28일)

아들의 성性, 딸의 성性

4강　아들의 성^性, 딸의 성^性

위저드 베이커리, 두 번째 달 블루문, 유진과 유진책

> 한 소년과 소녀의 가슴 아픈 사랑에 / 그 끝에 세상과
> 이별을 스스로 넌 결정해 (중략) / 얼마나 괴로웠을까
> 어린 나이에 원치 않던 임신에 / 그 둘은 좌절해 하룻밤에
> 철이 없던 사랑에 서로를 가졌었던 그날
>
> — 차쿤&에네스 〈눈물〉

실화를 바탕으로 쓴, 고등학생 연인들 사이에 아기가 생겨 결국 극단적인 선택을 한다는 내용인데 너무 슬프지 않느냐며 처음 들려준 것은 고등학생 시절의 딸아이였어요. 수업 중에 이 노래를 언급한 적이 있는데 우리 학교 남학생들도 그 노래를 '감동적이다', '슬프고 아름답다'며 격하게 공감합니다. 하긴 생각해 보면 《로미오와 줄리엣》만 명작이란 법은 없죠. 청소년기의 순수한 사랑이 현실의 벽에 부딪혔을 때의 슬픔과 좌절은 순정하기까지 하니까요.

그러고 보니 로미오와 줄리엣이 처음 만났을 때 그들 나이가 16세, 14세였어요. 서양 아이들이라 신체적으로 조숙해서 그랬을 거라고요? 죄송하지만 이몽룡, 성춘향이 춘향이 엄마

의 묵인 방조하에 첫날밤을 치렀을 때 이팔청춘, 즉 16세였잖아요. 10대 청소년기에 이성에 대해 가장 민감하게 몸과 마음, 특히 몸이 반응하는 것은 동서와 고금을 막론하는 일인 듯해요. 요즘 청소년들이 발랑 까져서 쉽게 이성 교제도 하고 지하철에서 쓰다듬고 하는 것이 아니라, 생물학적으로 극히 자연스러운 그 일을 사회악으로 여겨 교칙에서 금하는 시기를 관통하며 자라 온 우리 1970년대, 1980년대, 1990년대 청소년들이 비정상이었을지도 모르겠어요.

청소년의 임신, 어떤 무게일까

차쿤&에네스의 뮤직비디오 바로 뒤에 우리 학교 중3 학생들이 국어 수행평가로 만든 〈청소년 임신〉이라는 동영상을 함께 보시지요. 남학교인지라 전학 온 여학생 역을 맡은 학생이 가발을 쓰고 나왔고, 아이들의 임신 사실을 알게 된 '여학생의 부모' 역할 역시 넥타이를 매고, 가발을 쓰고 나와 빛나는 분노 연기를 보여 준, 학교 축제에 전교생과 같이 본 영상입니다. 중간에 음악과 영화 포스터, 뉴스 자료 등을 잘 편집해서 '청소년의 이성 교제에는 책임이 따른다'라는 지극히 국어 수행평가다운 주제를 담고 있긴 해요.

　재미있긴 하지만 청소년 자녀를 둔 부모 입장에서 웃으면서 보기만 할 영상은 당연히 아닙니다. 적어도 학교 수업과 평가에서 이성 교제와 임신이라는 주제를 드러내 놓고 이야기할 수 있었던 학생들의 의식과 개방성은 다행이라고 생각해요. 기회가 되면 아이들과 청소년의 성에 대해 허심탄회한 토론을 해보고 싶어요. 무엇보다도 우리 어른들은 충격적인 청소년 연애의 실태를 맞닥뜨리고 그걸 견뎌 낼 수 있을까 싶네요. 그래서 더더욱 그런 토론의 자리가 필요할 것 같습니다만.

　같은 주제를 다룬 청소년 소설이 있습니다. 《두 번째 달, 블루문》이라는 소설인데요, 고3 여학생의 임신을 다루고 있어요. 미혼모 이야기를 하는 청소년용 소설이 많지 않아 참 반가운 마음에 독서 시간에 자주 언급하는 책입니다. 주인공이자 서술자 수현의 입장에서 엄마에게 버림받은 상처와 자신이 아기를 선택해야 할지 말아야 할지 고민하게 된 이야기라 여학생이 읽으면 좋겠다 싶어요. 하지만 남학생들이 이 책을 읽는다면 특히 이성 교제를 하고 있는 친구라면 생각할 거리를 더 많이 던져 줄 거라고 봅니다. 임신은 결코 혼자 하는 게 아닌데도 '미혼모'는 있어도 '미혼부'는 없는 이상한 세상이잖아요. 사랑의 '책임'이라는 것은 몸에 흔적이 남는 여성뿐 아니라 당연히 남성도 함께 져야 하겠죠. 아들에게 아름다운 성과 사랑의 무게와 책임을 더더욱 잘 가르쳐야겠다, 싶어요. 이제는 여자아이들에게 '그러니까 네가 몸조심을 해야 해'라고 가르치는 시대가 아니잖아요.

　　발문용으로 접한 뮤직비디오와 동영상은 청소년의 성을 이야기할 때 가장 극단에 서 있을 '임신'이란 문제에서 출발했지만 우선 아이들이 언제 야동을 처음 접하는가, 하는 이야기부터 나누어 보아요. 야동, 야구 동영상 아닙니다. '야한 동영상'입니다. 무슨 썰렁한 개그냐고요? 아이들이 수업 중에 그러더라고요. 누가 자꾸 졸고 있기에 "너 밤늦게까지 게임했니? 왜 자꾸 졸아?" 하고 제가 물으니까 옆에서 친구들이 "걔요, 밤마다 야구 동영상 봐요" 그러네요. 뭐가 뭐의 은어인지 헷갈립니다. 하여간 '야동'을 야구 동영상이라고 부르는 것도 청소년 사이에 '포괄적인 전문용어(?)'라 합디다.

언제 처음 야동을 접했냐고 물으신다면

　　자녀가 언제 처음 야동을 접했으리라 생각하시는지요? 만약 "우리 아인 순진해서 그런 거 몰라요"라고 단언하신다면 어머니께서 순진하신 거라고 단언하고 싶습니다. "우리 아인 여자아인데요? 남자애들이나 그런 거 보겠죠"라고 말씀하신다면 요즘 아이들이 우리 때보다 훨씬 조숙하고 많은 정보에 노출되어 살아간다는 사실을 감안하시라고 말씀드리겠습니다. 남녀 학생을 가리지 않고 성적인 진한 농담을 주고받는 장면을 남녀 공학에서 자주 볼 수 있습니다. 아무래도 여학생들이 남학생들보다 야동을 덜 접하는 건 사실이지만 관심이 전혀 없다거나 무풍지대라 말하기는 어렵습니다.

일반적으로는 초등학교 3, 4학년 정도면 그야말로 '야동'을 보게 됩니다. 4학년을 가르치면서 교실에서 자위하는 아이를 지도해야 했던 초등학교 선생님이 남자아이들에게 언제 그런 동영상을 보았으며 어떤 장면을 보았는지 종이에 적어 보게 했을 때, 대부분 이미 그런 영상을 보았다고 대답한 것을 발견했다고 해요. 제가 수업 시간에 아이들과 나눈 이야기에서도 초등 4학년 정도면 이미 음란물을 접하기 시작한다고 대다수가 손을 들었답니다.

이미 가입하신 회원입니다

중1 수업 중에 야동을 언제 처음 보았나, 이야기를 하다가 이런 실화를 접했어요. 한 아이가 성인 인증을 받아야 하는 야동 사이트에 접속했어요. 당연히 접속이 안 되겠죠? 그럴 때 어떻게 하는지 다들 아시지요? 부모님 주민등록번호 쓰는 거…. 그런데, 아이가 아빠 주민등록번호를 입력하고 회원 가입을 하려 했더니 그만 "이미 가입하신 회원입니다"라는 메시지가 뜨더랍니다. 이런 민망하고 웃픈 비극이 있습니까.

초등학교 5학년 정도가 되면 학교에서 커플들이 생겨요. 아이들 사이에서 공식 커플을 인정해 주는 암묵적인 문화 같은 게 있습니다. 친구들이 날짜를 세어주고 축하해 주고 다른 아이가 끼어드는 '플레이'를 하지 않도록 지켜 주기도 하지요. 6학년 담임을 맡은 한 선생님은 커플 상담한 이야기를 들려주신 적이 있어요. 교사가 상담할 때 가르치려 들거나 조언하려 들면 아이들은 다음에 이야기를 나누러 오지 않기 때문에 선생님은 마치 여자 친구들끼리, 혹은 언니가 이야기를 듣고 맞장구치듯이 여자아이의 이야기를 들어 주었대요. 연애와 밀당과 사랑의 아픔에 힘들어 우는 아이를 진심으로 안아 주었다고 해요. 그랬을 때 아이들은 속 깊은 마음을 조금이나마 보여 주겠죠. 교사든 부모든 아이들에게 마음속 깊은 이야기를 듣고 싶다면 꼭 염두에 두셔야 할 자세입니다.

초딩 커플, 남남 커플

남자아이들이 사춘기가 되면 성적 호기심이 지나쳐 언어나 행동으로 많이 표출되겠죠? 실제로 남학교에서는 쉬는 시간에 요상한 자세로 엉켜 있는, 혹은 겹쳐 있는 아이들을 많이 볼 수 있어요. 느낌이 어떤지가 궁금한 건지 볼살이 뽀얀 친구 얼굴을 핥고 있거나 뒤에서 안고 있는 아이도 있어요. 많은 아이가 보고 있는데, 심지어 교사가 있는데 그런 행동을 하는 아이들, 싫다고 하는 학생에게 그런 행동을 하는 아이, 평소 왕따를 당하거나 신체 폭력을 자주 당하는 아이에게 그런 행동이 집중되고 있을 때, 이런 경우는 분명 상담, 훈육, 때로는 처벌이 필요하죠. 장난이 아니라 성범죄입니다. '남학생들이 흔히 그렇지 뭐' 하고 교사나 부모가 그냥 넘어가면 안 됩니다. 하지만 현실적으로 장난과의 경계가 모호하고 그런 장면들이 워낙 흔하게 보이니까 교사로서도 어느 선까지가 장난이고 어디부터 폭력으로, 혹은 성교육의 대상으로 봐야 하는지 판단하기 매우 어려운 일이기도 합니다.

아이들이 이렇게 성적인 문제 행동을 보일 때 부모는 어떻게 해야 할까요? 여교사나 엄마가 남자아이와 이야기를 나누기 어려운 점이 있으므로 남교사나 아버지가 아이와 이야기를 나눠보는 게 좋습니다. 거꾸로 여학생들의 성적인 행동이나 문제를 남교사나 아버지가 발견했다면 엄마나 여선생님이 대화를 시도해 보는 것이 좋겠죠. 어떤 전문가는 "아빠가 남자아이의 성교육을, 엄마가 여자아이의 성교육을 담당하는 게 좋다고 일반적으로 생각하지만 반대 성의 부모가 짚어 줄 부분도 분명히 있다"고 지적하기도 합니다. 특히 자녀가 어렸을 때부터 자연스럽게 성교육을 받아 온 가정에서라면 청소년기에도 딸이 아빠에게 남자들의 심리를 물을 수도 있고 엄마가 아들에게 건

　　　교사와 부모 사이

강한 이성 교제에 대한 조언을 해 줄 수도 있겠죠. 아들과 마주 앉아 여자 친구와 진도 어디까지 나갔는지에 대해 대화를 나눌 수 있는 엄마라면 여자들은 연애할 때 남자의 공감을 중요하게 여긴다는 것, 자칫 폭력이 될 수 있는 잘못된 스킨십은 결코 사랑이 아니라는 것 등을 들려줄 수 있을 거예요. 특히 지금은 그동안 너무나 둔감하고 유독 남성들에게 관대했던 '성범죄'에 대한 경각심과 감수성이 높아지는 시기예요. 다만, '잘못 걸리면 안 되니까 너도 조심해'라는 접근은 예전에 여자아이들에게 "여자애가 몸조심해야 해"라고 가르쳤던 것만큼이나 잘못된 교육입니다. 성범죄가 발생하는 이유는 당연히 '주체 못 할 성욕' 때문이 아닙니다. 사람을 존중하고 생명을 귀하게 여기는 사람들 사이에서는 일어날 수 없는 일이지요. 남학생들에게도 성적 폭력은 인권에 관한 문제임을 정확히 인지시키고요, 사람을 존중하는 태도가 생활 전반에 스미게 길러야겠습니다. 결국 성범죄, 성인지의 문제는 근본적으로 존중과 배려, 사람에 대한 차별, 권력과 평등함에 대한 문제니까요.

성性에 관한 대화는 누구와

하지만 내내 그런 대화가 없다가 아이가 많이 성장한 후에 갑자기 닥친 문제에 대해 엄마가 이야기를 나눠 보자고 한다면 아마도 굉장한 저항에 부딪힐 겁니다. 그래서 반복되는 이야기이지만 어렸을 때부터 부모가 열린 자세로 아이와 이야기를 나눌 수 있는 분위기가 중요합니다. 그렇게 커 온 아이는 사춘기나 어른이 되어서 이성 교제 문제로 고민을 해도 대체로 허심탄회하게 대화가 가능하니까 문제가 생겨도 대처하기 쉬운데 그렇지 않으면 갑작스럽게 어떻게 의논을 하겠습니까. 실화를 바탕으로 썼다는 〈눈물〉의 뮤직비디오를 보면서, 아이들이 부모와 이 사태를 의논할 수 있었다면 그렇게 극단적인 선택은 하지 않을 수도 있었을 텐데, 안타까운 마음이 들었어요.

영화 〈케빈에 대하여〉를 보면 사춘기의 케빈이 자기 방에서 자위하는 장면이 나와요. 아무 노크도 없이 아들 방에 쑥 들어가다 그 장면을 본 엄마는 당황해서 얼어붙어 버립니다. 케빈은 엄마를 노려보면서도 하던 일을 계속해요. 그 장면이 저는 섬뜩했어요. 일단, 엄마는 왜 아들의 은밀한 사생활을 존중해 주지 않았을까요? 노크도 없이 방문을 벌컥 열고 들어가거든요. 이 대목에서 뜨끔한 부모님 많으시죠. 아이 방에 들어갈 때 꼭 기척을 하고 들어가셔야 해요. 그리고 맞닥뜨린 당황스러운 장면. 그럴 땐 어찌해야 할까요? 일단 '미안하다'고 말하고 거기서 나와 줘야 하지 않을까요? 그런데 케빈의 엄마 에바는 왜 거기 서서 그걸 쳐다보고 있는 거죠? 당황해서 그랬다? 사춘기 자녀가 그럴 수 있으리라는 것은 부모로서 미리 학습하고 마음의 준비를 하고 있었어야 하는 것 아닐까요?

아들 녀석도 그렇지, 하던 걸 계속하는 심보는 뭘까요? 물론 케빈은 이 영화에서 사이코패스 캐릭터이니 보통 아이들과는 좀 달라서 그런 것 같긴 해요. 엄마를 쳐다보는 눈빛이 아주 적대적이고 조롱하는 듯하잖아요. 영화는 그렇다 치고, 현실에서 아들의 자위에 대처하는 엄마의 태도는 어떠해야 할까요?

아들의 샤워 시간이 긴 이유

많은 어머니들이 아이가 편안하고 깔끔하게 '자기만의 시간'을 보낼 수 있도록 배려하되, 그에 관한 조언을 들려주는 것은 아빠가 할 수 있도록 해야 한다는 것을 잘 알고 있습니다. 강좌에 참여한 어머니들이 각자 경험담을 나누다가 남자아이들이 샤워하는 시간이 길다는 공통점을 발견했어요. 많은 집 아들들이 20여 분에 가깝게 큰 소리로 노래를 부르며 샤워를 한다는 것, 하루에 팬티를 여러 개 갈아입기도 한다는 것 역시 공통이더군요. 엄마들은 다 같이 안도하고 기뻐하면서 "어머, 우리 아들이 이상한 게 아니었군요!"라며 공감하는 기쁨을 맛보았네요. 목욕탕에서 큰 소리로 노래를 부르는 현상에 대해 '습기와 공간의 역학적 관계 때문에 에코 효과가 일어나 노래방 가기 전 노래 연습을 하기 딱 좋아서 그런가 보다'라고 건전하게 생각하던 우리 어머니들, "얘야, 위층에서 돼지 잡는 줄 알겠다, 살살 불러라~" 요 정도 조언으로 넘어갔는데, 그것만이 목욕탕 안에서 일어나는 일의 전부가 아닐지도 모른다는 생각에 다다른 거죠. 노래방 좋아하기야 딸들도 그러한데, 그녀들은 그렇게 큰 소리로 노래 부르며 샤워를 하지는 않더라는 증언과 함께요. 하여간 이제는 목욕 시간이 길다고 타박은 하지 말자, '그들만의 시간'으로 인정해 주자고 엄마들끼리 약속했답니다. 아, 오해하지 마세요. 대부분의 아들은 그저 샤워를 길게 하는 걸 거예요. 멋지게 자라고 있는 자기 몸에 대한 자부심을 느끼면서요.

딸들은 어떨까

어느 날 딸아이가 "엄마, 나는 언제 남자랑 자도 돼?"라고 물은 적이 있어요. 질문이 천진하기도 하고, 고3을 목전에 두고도 '남자 친구 있었으면 좋겠네~'를 입에 달고 살던 솔직한 아이라 아무렇지도 않게 오래 대화를 나눈 적이 있어요. 그래서 뭐라고 대답했을까요?

제 대답은 좀 고리타분했던 것 같아요. '쿨'하고 '시크'한 척하면서 "네가 정말 사랑하는 남자가 생기면"이라고 했지만 곧 서둘러 "기왕이면 결혼 전은 아니었으면 좋겠어"라고 촌스럽게 덧붙였거든요. 그렇게 말하는 저의 마음속에는 혹시 "네가 정말 사랑하는 사람하고 자면 돼"라고 말했다가 아이가 '지나치게 자유로운 성의식을 가지게 되면 어쩌나' 걱정한 건 아닐까요? 딸이 정말 그렇게 어리고, 어리석지 않다는 것을 잘 알면서도 저의 노파심은 그렇게 우리 어렸을 때 어른들에게 듣던 이야기와 하나도 다르지 않은 대답을 한 것이죠.

사춘기 딸을 둔 자유 영혼의 한 엄마는 딸에게 이런 질문을 받는다면 "네가 원할 때 해. 그런데 기왕이면 좋은 데서 했으면 좋겠어"라고 말해 주겠노라 했어요. 아이들이 커서 연애를 하고 사랑하는 이와 성관계를 맺는 일은 '혼전 순결' 운운하면서 막은들 막아지겠습니까.

부모와 교사의 허위의식

한 어머니가 아들과 딸의 연애에 이중적인 태도를 보인 자신에 대해 반성하는 이야기를 합니다. 아들이 여자 친구와 1박으로 떠나는 여행은 부담 없이 보내 놓고 딸의 연애에 대해서는 늦게 들어오지 마라, 선을 넘지 마라, 민감하게 반응하게 되더라는 이야기입니다.

이야기를 듣고 나는 어떨까 돌아보게 되었죠. 아들이 새벽 늦게 들어오고 방에서 콘돔을 발견하면 어떤 기분일까? 좀 당황스럽긴 하지만 '아, 이 녀석 나이가 지금 한참 연애할 때니 그럴 수도 있겠지. 아빠에게 '아름다운 성과 사랑'에 대해 아들과 이야기를 좀 나눠 보라 해야겠다'고 생각할 것 같아요. 그런데 반대로 딸이 그런다면? 일단 가슴이 철렁할 것 같아요. 그리고 아이를 앉혀 놓고 엄마인 나는 "여자는 남자와 몸이 달라서 어쩌고저쩌고…. 모든 남자는 늑대니까 너를 안아 보자 덤벼도 그걸 다 사랑으로 착각하면 안 되고 어쩌고저쩌고, 그러니까 밤늦게 다니지 말고 어쩌고저쩌고…" 이러지 않을까요?

피임약 광고를 보면서, 머리로는 아이들이 연애할 때가 되었으니 올바른 콘돔 사용법과 피임법에 대해 진지하게 이야기를 나눠야겠다고 생각하면서도 그건 부모 자식 간의 대화의 영역으로는 지나친 게 아닐까, 만약 그런 이야기를 꺼내면 여자 친구 혹은 남자 친구와의 성관계를 허용하는 것처럼 보이지는 않을까, 별별 생각을 다 하고 있는 자신을 발견하게 되네요.

어떤 경우에라도 들어 줄 수 있는 부모여야

성에 관한 이야기뿐 아니라 어떤 경우에라도 아이가 부모나 교사가 자기 이야기를 들어 줄 것이라는 믿음을 버리지 않게 해야 합니다. 문제가 생겼을 때 부모님께 말씀드려야 한다고 생각했다가도 "아냐, 보나 마나 엄마가 불같이 화낼 거야. 그러니까 말할 수 없어"라고 생각하고 곧 떠올렸던 얼굴을 지워 버리지

않도록 평소에 아이들에게 든든한 버팀목이자 경청자 역할을
해야 할 것입니다.

고등학교 시절 〈우리 결혼했어요〉, 〈마녀사냥〉 같은
프로그램을 보면서 딸과 나눈 많은 대화 중에 기억에 남는
것이 있어요. 2011년에 나온 〈트러블메이커〉라는 노래가
있어요. 음악은 꽤 괜찮은데 춤이 꽤나 야해요.
이 뮤직비디오를 보고 당시 고등학생들은 등장하는 남녀
가수를 두고 "쟤네 백퍼(100%라는 뜻의 청소년 은어) 했네,
했어"라고 말했대요. 실제로 섹스를 하지 않고서야 저렇게
절절한 몸 연기가 가능하겠냐는 거죠.
같이 티브이를 보다가 그런 이야기를 딸이 들려주는데,
친구들끼리는 그런 이야기를 할 수 있어도 엄마한테는
쉽게 할 이야기는 아닌 것 같아서 좀 놀랐어요. 그런데 저는
그런 이야기를 저에게 할 수 있는 딸이 좋았어요.
10대 미혼모 이야기를 다룬 드라마를 보면서
"엄마, 만약 오빠가 어느 날 '엄마, 곧 할머니가 되실 거예요'
이렇게 고백을 한다, 그럼 어떨 것 같아?"
이렇게 물은 적이 있었어요.
"당황할 것 같으면서도 신기한 마음도 들 것 같아."
"그치, 근데, 내가 어느 날 '엄마 나, 임신했어', 이러면

어떨 것 같아?"

"음, 백퍼 당황. 반가운 마음은 없을 것 같다.

임신은 여자가 다 감당해야 할 일이니까."

"오빠한테의 반응과 나한테의 반응이 다르겠지, 그치?"

"물론 둘 다 아기를 낳고 키우는 사람이나 아기나 행복할 때

만들고 낳아야 해. 그렇지 않으면 아기한테도 미안한 거야."

"당연하지, 그런데 만약 그럴 수 없을 때 우리가 임신을 했어,

그럼 엄마는 어떻게 할 거야?"

"최대한 모든 이야기, 모든 고민을 엄마아빠와 같이 나누자고

할 거야. 대안에 대해서도 함께 이야기를 하자고 할 거야.

오빠의 여자 친구도 함께, 너의 남자 친구도 함께 만나서.

그리고 엄마아빠의 의견을 말하겠지. 하지만 최종 결정은

너희들이 내리고, 우린 그걸 존중할 거야. 어떤 결론을

내리든지 최선을 다해 도울 거야.

언제나 엄마아빠는 어떤 일이 생겨도 너희들 편이야."

- 서점 딸

젊은 남자들의 성 인권의식

이번 강좌의 교재는 구병모의 청소년 소설 《위저드 베이커

리》입니다. 여러 각도에서 이야기해 볼 만한 내용이 있지만 굳

이 '청소년의 성'과 연관해 교재로 삼은 이유는 사실 별것 아니고요. 제가 남학생들을 가르치다 보니 남학생 관점에서 성범죄를 생각할 만한 장면이 있어서 그랬어요.

소설의 주인공 중3 남학생은 새어머니와 함께 들어온 여덟 살 여동생에게 성추행범으로 몰려요. 보통 성범죄는 대체로 남성에 의해 여성이 피해자가 되는 경우가 많죠. 학교에서 남학생들을 가르치는 마음이 늘 아슬아슬한 것은 자신들이 던지는 말이나 하는 행동이 얼마나 여성들에게 굴욕적인지, 상처가 되는지 모르고 있다는 점, 성숙하고 건강한 성의식을 가르쳐야 하는 일이 어마어마하게 느껴져서만은 아닙니다. 남성들의 잘못된 성의식의 피해자는 여성만이 아니에요. 그게 잘못인지도 모르고 사회 전체가 굴러갈 때, 그렇게 성장한 어린 남자아이들은 비뚤어진 성 인권의식을 지닐 가능성이 높아요. 그리고 성범죄를 저지를 수도 있고, 범죄까지는 아니어도 자신들이 여성을 대할 때 어떤 태도가 잘못되었는지조차 모르고 행동을 하게 되기도 하죠. 이 예민해진 사회에서 종종 오해가 생기기도 하고요.

남성과 여성이 건강하고 평등하게 사는 세상으로 나아가려면 그렇지 않았던 기나긴 세월의 더께를 치워 내기 위해서 아주 예민해질 필요가 있다고 생각해요. 우리가 인권 감수성이라고 부르는 것들, 얼마나 둔했습니까. 예민해서 아주 사소해 보이는 부분까지 섬세하게 돌아보고 반성하고 그래야 뿌리를 뽑을 수 있어요.

《위저드 베이커리》는 오해받는 남성의 입장에서 이야기에 접근해 가요. 이 책은 주인공이 새 가족, 그리고 세상과 맺는 관계를 이야기하는 내용을 담고 있지 성적인 오해가 핵심은 아닙니다. 주인공이 겪어야 하는 고난 중 일부죠. 하지만 남학생들과는 이 장면에 대해 민감하게 나눌 이야기가 많습니다. 요즘 젊은 남자들은 양성평등에 대해 '역차별'을 받고 있다고 주장합니다. 자신들은 그렇게 나쁜 놈이 아닌데 남자들 모두가 잠재적 성범죄자 취급을 받는다고 억울해합니다.

그렇게 만든 것은 어른들 잘못이죠. 이전까지의 세상이 그래 왔고 어린 남자들은 어른들에게 그렇게 교육을 받아 왔으니 잘못된 성 인권의식을 갖게 된 거죠. 거기에 요즘은 미디어의 범람에 더해 인터넷에서 나쁜 자료를 공유하는 것을 마치 평등하고 민주적인 것처럼 여기는 문화가 확산되고 있어요. 아무 말이나 마구 내뱉어도 그것이 표현의 자유인 것처럼 생각하는 것 역시 인터넷 문화의 폐해이고, 이런 환경이 우리 아이들을 왜곡된 인권의식에 무방비로 노출되게 만들죠.

세상이 정반합正反合의 발전 양상을 띤다면, 지금은 고질적인 남녀 불평등 문제, 여성에 대한 성적 착취를 뿌리 뽑기 위해 많은 부작용과 생채기가 생기는 그런 '반反'의 단계일지도 모르겠습니다.

처벌보다 중요한 심리상담

또 하나의 책 이야기를 나누어 봅시다. 이금이의 《유진과 유진》입니다. 이 책을 중1 남학생과의 상담에서 활용한 적이 있어요.

녀석이 방과 후 수업 중 강사로 오신 여선생님의 치맛속을 휴대폰으로 촬영해서 선도위원회가 열리게 되었어요. 학생부에서 징계가 열리면 징계 절차에 반드시 상담 과정을 거치게 되어 있습니다. 아이들의 일탈 행동의 근저에는 방치, 상처, 결핍이 존재하는 경우가 많기 때문이죠.

어른들은 흔히 강력한 처벌이 아이들의 행동을 교화한다고 생각하지만 사실 아이들은 잘못을 잘 인정하지 않습니다. 그래서 더더욱 설득과 훈육으로 자신의 잘못을 받아들이고 인정하게 하는 과정이 꼭 필요합니다. 그리고 그 전에 어떤 상처가 있었는지, 어떤 마음으로 그런 잘못을 저질렀는지, 그 행동을 했을 때 어떤 생각을 했는지, 뭐가 억울하다고 느껴지는지 들어 봐 줘야 하고요. 그래서 징계는 반드시 심리상담과 병행되어야 합니다.

여교사 치맛속을 촬영한 아이

　아까 말씀드린 치맛속 촬영의 주인공, 이 학생은 휴대폰 사진을 찍었을 뿐 아니라 그걸 친구들과 돌려 가며 보았고요, 보여주면서 '100원씩 내고 봐라'라고 해서 더 큰 문제가 되었어요. 명백한 성범죄일 뿐 아니라 정보통신법 위반이고요, 하여간 윤리적으로만이 아니라 법률적으로도 심각한 사건이었어요. 어린 학생의 장난이라고 보기에는 참 심각한 성범죄가 학교에서도 많이 벌어지는 현실을 생각하면 절대로 그냥 넘어갈 수가 없죠. 이 사건도 벌써 꽤 오래전 일이라 당시에는 선도위원회에서 부모와 학생의 눈물 바람과 반성으로 그나마 훈훈하게(?) 해결되었지만 오늘날이라면 또 다른 논란거리가 될 법한 사건이었어요.

　그때 내린 처방은 두 가지였습니다. 하나는 아버지가 따로 시간을 내서 아들과 대화할 것, 그리고 그날 대화한 내용을 담아 아들에게 편지를 쓸 것. 물론 권유일 뿐 강제는 아닙니다. 중학생들의 잘못에는 학부모 교육이 더 절실한 경우가 많은데 아 이러니하지만 아이들을 방치하거나 잘못 된 교육 가치관을 가진 집일수록 학부모가 스스로 반성하고 교육받을 자세가 안 돼 있는 경우가 더 많아요. 학교에서 학부모 교육을 이수하라거나 상담을 받으러 나오시라고 권해도 거절하거나 전화도 안 받는 경우가 참 많답니다.

다행히 그 아버지는 두 가지 권고를 충실히 이행했습니다. 아버지는 아들과 많은 대화를 나누었다고 해요. 더불어, 그냥 잘 크고 있겠지, 무심했던 아빠의 태도에 대한 반성과 아이와 대화할 기회가 생긴 것에 대한 생각도 편지에 담아 오셨고요.

학생에게는 《유진과 유진》이라는 책을 읽고 상담실에 와서 상담하라고 했어요. 책을 읽고 상담실에 들어온 아이는 성범죄라는 게 피해자에게 정신적으로 얼마나 큰 영향을 줄 수 있는지, 미처 생각하지 못한 점에 대해 반성하고 피해 선생님께 사과했어요. 그 일이 있고 한참 후 대학생이 되어서 학교에 찾아온 제자를 보면서 만감이 교차했던 기억이 나네요.

아빠와 아들의 대화, 그리고 독서

인터넷에서는 성범죄자나 여성 인권에 대해 치밀하게 고찰하지 못하는 남자들에 대한 비난이 쏟아집니다. 대한민국에서 50년 넘게 여성으로 살아오면서, 여성의 관점에서 하고 싶은 말이 참 많아요. 남자 중학교에서 아이들에게 당한 불쾌한 경험도 이루 말할 수 없이 많고요. 그렇다고 그 '인권의식 떨어지는 한국 남자'들을 비난만 한다고 해서 문제가 해결되지는 않겠죠? 특히나 지금처럼 '남성이 차별받고 있다'고 생각하는 젊은 남자들의 시대에는 더더욱 서로에 대한 비난과 비판보다는 대화와 올바른 교육이 절실하다고 생각합니다.

어떤 이는 과감히 앞에 서서 페미니즘을 이야기하고 페미니즘 교육이 필요하다고 주장하다 뭇매를 맞기도 해요. 누군가는 남자들이 과거에 쓰던 방법과 똑같은 방법으로 전사처럼 싸우다가 갈가리 찢겨 나가기도 하고요. 어떤 남자는 성평등을 주장하다가 같은 남자들에게 "넌 도대체 누구 편이냐"고 힐난을 듣기도 합니다. 시대마다 적진을 궤멸시키기 위한 나쁜 프로파간다의 언어들이 늘 있었죠. 때로는 '용공'이라는 말, 한때는 '빨갱이'라는 말, 지금은 '여혐', '남혐', '꼴페미' 이런 말들이 마치 낙인처럼 사람들의 발언을 가로막고 명예를 짓밟습니다. 아직도 우리 사회는 의견이 다른 사람도 차분히 서로의 이야기를 주고받을 수 있는 곳은 아닌 듯합니다.

그렇다고 포기할까요? 이 세상은 앞으로 우리 아이들이 살아내야 할 곳이에요. 벌써 앞장서서 돌멩이를 맞는 아이들도 있어요. 교육공동체 벗에서 펴낸《걸 페미니즘》을 보면 그런 치열한 목소리들이 생동합니다. 여기서 우리 엄마들은 무슨 일을 해야 할까요? 우리가 놓을 수 있는 작은 징검다리는 뭘까요? 그것을 계속 찾아가고요, 발견할 때마다 한 걸음씩 놓아 가자고요.

다음 시간 주제는 좀 무겁네요. '어머니 되기의 무거움'입니다. 영화로도 만들어진 김애란의 소설《두근두근 내 인생》읽어 오시고요, 린 램지 감독의 영화 〈케빈에 대하여〉에 대해서도 이야기할 거예요. 영화는 큰맘 먹고 보셔야 할 것 같네요.

교실에
보통 아이가
사라졌다

평범해 보이지만 지혜로운 아이들이
교실 분위기를 주도하던 시절이 있었다.
지금은 그런 보통 아이들의 권력이 교실에 없다.

올해도 중2 남학생들을 가르친다. 건의문 쓰기를 했는데 근거 분석이며 문장 구성, PPT를 만들어 발표하는 능력 등이 고등학생 수준에 가까운 뛰어난 아이들이 꽤 많아졌다. 경제적으로 여유가 있는 집에서 자란, 부모가 꽤 신경 써서 키운 흔적이 보이는 아이들이다. 어려서부터 사교육도 많이 받고 다양한 체험활동과 해외여행을 경험했으며 폭넓은 독서로 어휘력도 풍부한 이런 아이들이 해마다 늘고 있다. 그리고 여기 또 다른 한 무리, '보통 아이들'이 있다. 그 나이 또래 특유의 방황과 고집을 지녔지만 나름 어른들의 세계를 수용하려는 어린 사람다운 천진함도 가지고 있는, 공부도 열심히 하고 싶지만 놀고 싶은 욕구에 쉽게 무릎 꿇기도 하는, 그런 평범한 아이들.

과거에는 이들이 교실 구성원의 대부분을 차지했다. 80% 이상의 '보통 아이들'이 두껍게 중간층을 이루고 극소수의 뛰어난 아이들과 극소수의 불안한 아이들이 나름 균형을 이루고 있었던 것이다. 하지만 이 '보통 아이들'이 점점 줄어들고 있다.

대신 마음 한구석 어딘가에 상처가 쌓여 분노조절 장애, 집중력 부족, 우울감, 사회적 도덕감 결여, 무기력증, 신경증 등으로 고통받는 아이들, 지적 수준이 초등학생 정도에 머물러 있는 아이들이 점점 늘어난다. 사회 전반에서 가정이 무너지는 일이 잦으니 교실 속 아이 중 부모의 사랑을 온전히 받지 못한 채 불편한 마음으로 학교에 와 앉아 있는 아이들이 느는 것이다. 건강한 부모 밑에서 별 탈 없이 자라도 공연히 어른들이 싫고 세상이 못마땅한 시기가 사춘기이다. 하물며 부모로부터 돌봄을 제대로 받지 못하면서 사춘기를 통과하는 아이들은 이 시기를 견뎌 내는 일이 얼마나 힘들겠는가. 친구들을 괴롭히거나 괴롭힘을 당하면서, 싸우거나 담배를 피우고 이기적인 행동을 하는 등 말썽을 피우는 아이들 내면을 들여다보면 어른들에게 받은 상처를 품고 있는 경우가 대다수다. 과거에 '문제아' '부적응아'라고 불렀던 이런 아이들이 해가 갈수록 늘고 있다.

아이들은 처지가 비슷한 아이끼리 주로 어우러져 논다. 고차원의 어휘를 구사하는 변호사, 의사가 꿈이라는 아이들과 그들을 부러워하는 아이들 사이에는 보이지 않는 담장이 높이 놓여 있다. 특출한 아이들과 일탈을 일삼는 아이들은 부딪힘도 별로 없다. 겉으로 보기에 평화로운 듯하지만 사실은 높은 담장 때문에 부딪힘이 일어나지 않아서 유지되는 평화인 것이다. 아이들 사이의 싸움은 어슷비슷한 아이들 사이, 혹은 경계선에서 주로 일어난다.

특목고네 자사고네 무리 짓는 중2

교실에서 계급이 느껴지는 것은 교사 초임 때도 그랬지만, 그 격차가 이토록 심하지는 않았다. 도시락을 못 싸오는 꼬질꼬질하고 덩치가 작은 아이도 축구할 때 같이 끼워 주었고 잘난 체가 몸에 밴 우등생도 쉬는 시간에는 함께 어우러져 팔씨름을 했다. 그럴 수 있었던 것은 평범해 보이지만 지혜롭고 너그러운 몇몇 아이들이 교실 분위기를 주도했기 때문이다. 지금은 그런 '보통 아이들의 권력'이 교실에 없다.

1980년대에는 대학에 진학하면서 비로소 경제적 상황이나 학업 성적에 따라 영원히 '계급이 달라지는' 경험을 하곤 했다. 어느 대학을 가느냐, 학점을 얼마나 받느냐에 따라 앞날이 결정되곤 하던 시절이었다. 대기업 2세도, 판잣집 아들도 친구가 될 수 있었던 시절은 고등학교로 끝이라고 비장하게 말하던 그 시절은 그나마 덜 불행했던 것일까. 지금은 중학교 2학년이면 벌써 진학할 고등학교를 두고 특목고네, 자사고네 무리를 짓는다. 그들이 진학할 고등학교의 편차는 아이들이 피부로 느끼는 계급의 편차이기도 하다.

어쩌면 학교는 우리 사회를 그대로 닮았는지도 모른다. 중산층이 무너지고 상대적 박탈감이 피해의식으로 남은 사회, 상위 1%만 행복하고 99%는 불행한 사회를 말이다. 이 사회는 부자만 행복한 세상일지 모르겠지만, 교실에서는 공부 잘해서 좋은 고등학교에 가도 행복할 수만은 없다는 게 그나마 아이들에게 주어진 '평등'인지도 모른다.

●

《시사인》 제449호(2016년 4월 27일)

어머니 되기의 무거움

5강   어머니 되기의 무거움

두근두근 내 인생^책 케빈에 대하여^{영화}

건강한 모성, 건강한 엄마로서의 책임감은 어떤 것일까요. 엄마가 되기로 한 선택은 종종 어긋나는 자녀의 성장 과정 앞에서 무릎을 꿇고 후회를 하게도 만들죠. 그럴 때 엄마로서 내가 잘하고 있는 걸까, 하는 반성에 작아지는 모습도 자주 발견해요. 모성이라는 그 엄청난 무게에 대해 이야기해 보고자 합니다.

열일곱에 부모가 되는 일

《두근두근 내 인생》을 교재로 삼은 이유부터 이야기해요. 소설 속 주인공은 엄마아빠가 열일곱 살 때 연애를 해서 생긴 아이죠. 지난 시간에 춘향과 몽룡, 로미오와 줄리엣 이야기도 했지만 청소년기에 서로의 몸에 이끌리는 것은 생물학적으로 자연스러운 일이긴 해도 한국에서 10대가 부모가 되는 일은 재앙일 수 있습니다. 그래도 소설 속 부모는 열일곱 살 때 만나 아이를 갖고, 그 아이가 다시 열일곱이 될 때까지 변함없이 따뜻하고 예쁘게 서로를 사랑해요. 다만, 아이가 조로증을 앓고 있어 그리 길지 않은 시간 안에 이별을 해야 할지도 모른다는 그런 이야기입니다.

사랑은 갑작스레 다가오고, 사실 임신도 그러합니다. 우리 어머니들 중에 계획대로 임신하고 출산한 분 손 들어 볼까요? 통계에 따르면 한국인 70%가 술김(!)에 수태되었다는 자료가 있어요. 그 자료가 어찌나 공감되던지요. 임신에는 책임이 따른다, 여고 시절 성교육 시간에 제대로 된 성교육은 못 받고 임신과 출산, 모성에 대한 책임감만 무겁게 안고 돌아온 기억이 있습니다. 사랑하는 남자와 알콩달콩하면서 임신을 예측하고 날짜를 계산하고 출산에 대비하는 연인 혹은 부부가 얼마나 있겠습니까. 그래서 묻겠습니다. 다음 질문에 답해 주세요.

"나는 준비된 엄마였는가?"

'준비된' 엄마가 몇이나 될까

단언컨대, 여기에 '그렇소'라고 대답할 분이 그리 많지 않을 겁니다. 누가 첫아이를 키울 때 애는 기저귀에 똥 싸 놓고 울지, 전화기도 울리지, 가스레인지에 냄비는 끓지, 우유를 먹이려니

소독해 놓은 젖병도 없지, 너무나 당황스러워 아기랑 같이 엉엉
울면서 "아가야, 미안해, 나도 엄마가 처음이라서 그래" 그랬다
하더라고요.

10대의 출산, 미혼모라는 질곡

완벽히 준비된 부모는 없을뿐더러 준비가 잘되었다 해도 임
신과 출산, 육아, 양육의 모든 과정이 완벽할 수는 없겠죠. 《두
근두근 내 인생》을 보면서 학교도 졸업하기 전에 아기를 낳는
주인공의 부모를 보면 멋지다는 생각도 들지만 그보다는 안타
까운 마음이 듭니다. 그나마 소설 속 그들은 함께 가정을 이루
고 힘을 모아 아이를 키우지만 현실에서는 대개 '미혼모' 혼자
모든 일을 감당하죠. 이런 주제로 청소년 자녀와 읽으면 좋은
《두번째 달, 블루문》을 권합니다.

아이를 키우는 일은 결코 엄마 혼자 할 수 있는 일이 아니에
요. 출산이라는, 자연에서나 인간 세상에서나 참으로 크나큰
공을 세웠다면 적어도 육아는 다른 이들이 나누어야 하는 게
아닐까, 하는 생각도 해 봐요. 출산이라는 가장 큰 책임을 엄마
가 졌다면 출산도 못 한(!) 아빠는? 이 말이 좀 웃기게 들릴지 모
르겠지만, 저는 진심으로 그렇게 생각해요. 출산은 짐일 수도

있지만 축복이기도 하다, 아기를 열 달 동안 몸에 품고 함께 교감하여 낳는 기쁨. 저는 진심으로 기뻤고 자랑스러웠거든요. 그 기쁨을 본질적으로 누릴 수 없는 남편 앞에서 얼마나 잘난 척을 했게요.

엄마뿐 아니라 아빠, 할머니, 할아버지, 친척, 형제 모두 아기의 탄생에 빚을 지고 있는 셈이라면 양육은 함께 책임지는 게 맞지 않겠어요? 물론 사회가 함께 아이의 양육을 충분히 책임져 주어야 하지만 가정에서는 아빠가 가장 큰 책임을 져야겠죠. 아버지 양육은 그래서 중요합니다. 아빠들이 알아서 "아기를 낳아줘서 정말 고마워. 기쁘기도 했겠지만 얼마나 힘이 들었을까. 그러니 육아는 내가 더 많이 하려고 노력할게" 그 말을 해 주면 얼마나 좋을까 하는 생각도 해 보았어요.

그런데 꽤나 진보적이라고 자처하는 남편들도, 인간은 모두 고루 평등하다고 믿는 남자들도 육아를 아내와 동등하게 혹은 더 많이 책임지는 경우는 많지 않아요. 아빠는 아무래도 늘 2차 책임자였던 거죠. 자연이 새끼를 키우는 모습을 살펴보면 때로 사람이라는 종의 양육 행태가 오히려 자연을 거스르고 있다는 생각이 듭니다. 남극의 황제펭귄은 알을 품는 일도 먹이를 만들어 오는 일도 아빠라고 덜 하고 그러지 않잖아요. 그런데 사람의 양육은 어떠한가요? 맞벌이한다고 해도 양육이 평등하게 이루어지지 않죠? 이것은 일과 책임을 공평하게 나누는 문제가 아니라 사람의 세계에서 가사와 양육을 전적으로 여성에게 책임지우는 오래된 습성의 문제인 듯해요. 엄마가 양육을 더 많이 하고 잘해야 한다, 책임이 많다는 명제에 생물학적, 경제학(?)적 근거를 들이대려던 분들은 이제 그런 주장을 접으시고 근본부터 다시, 같이 머리를 맞대고 고민하자고 제안하고 싶어요.

그러니까 우리는 질문을 고쳐야 할 것 같습니다. '그렇다면 아빠는, 준비되었나?'라고요.

연애할 때 여자들은 이 과정의 확장이 임신과 출산으로 이어질 수도 있다는 마음의 준비를 하지만 남자들은 미처 거기까지 생각하지 못하는 경우가 많아요. 결혼하고 나서도 임신의 직접적인 영향에서 한 치 물러서 있다 보니 자기 일이 아니라고 여기는 경우가 많죠. 만약 부부가 아이를 가질 준비가 되지 않았는데 임신이 되면 남자들이 책임을 회피하는 일도 많습니다.

그 수태의 기간 열 달 동안으로도 건강한 엄마아빠는 정신적으로 성숙해지는 경험을 하는데요, 이 과정이 참 소중한 것 같습니다. 임신은 남녀 공히 자신의 과거와 미래, 우주의 본질, 생명의 존엄 등에 대한 생각이 많아지면서 자기 성찰을 해야 하는 단계입니다. 그런데 현실을 받아들이지 않고 임신을 아내만의 일로 생각하고 회피하는 아빠들도 많다면, 그렇게 마음의 준비가 되지 않은 채 아기를 만나니 좋은 양육, 좋은 교육이 힘들어지겠지요?

 교사와 부모 사이

어느 정도의 '책임감'이면 엄마로서 적정한가

　　생물학적으로 엄마가 책임감이 없으면 아기는 살아남기 어려워요. 그러니 엄마로서의 책임감은 막중하게 갖는 게 맞지요. 어느 날 보송보송 몰랑몰랑한 아기를 바라보면서 왜 아기들은 이렇게 예쁠까 생각해 본 적이 있어요. 본능적인 모성애는 그렇다 치고 본능에서 좀 떨어져 있는 다른 어른들도 고 어여쁜 모습을 보면 보듬어 주고 돌봐 주고 싶지 않겠어요? 살아남기 위한 자연의 전략이겠죠, 새끼들은 다들 어여쁘고 사랑스러운 것이…. 예쁘고 귀엽지 않으면 살아남기 어렵지 않을까요? 빼빼 울기만 하지, 손도 많이 가잖아요. 아기가 사랑스러운 것은 과학적 기제다, 재미있죠?

　　모성 신화가 과장돼 있다는 이야기를 많이 합니다. 엄밀히 말하면 모성애를 신성시하면서 생긴 부작용에 대한 반성이라고 생각합니다. 여성이라면 누구나 모성애를 지니고 있다거나, 아이를 위해 자신을 희생하는 어머니의 모습이 가장 아름다운 여성이라는 관점. 이는 어머니와 아이가 함께 행복하려고 노력하는 일을 어머니의 이기심으로 매도하게 한다거나 아버지보다 어머니가 더 중요한 존재라고 강조함으로써 상대적으로 아버지의 양육 책임을 덜게 한다는 혐의를 갖게 합니다. 모성애 신화에 대한 반성은 어머니가 진정한 자기 자신으로서의 자존감을 회복하고 자신의 행복 앞에 당당해야 함을, 그리고 양육은 엄마 혼자 짊어질 무게가 아니라 부성과 사회 전체가 함께해야 할 책무임을 당당히 말하기 위해 필요한 성찰의 한 과정에서 굉장히 유의미한 논의죠.

그렇다고 해서 어머니의 모성애를 폄하하자는 이야기는 아니고, 엄마가 아이를 잘 돌보지 않았을 때 그것을 '뭐 그럼 좀 어때?'라고 접근하자는 뜻은 아니잖아요? 건강한 모성은 나를 희생해서 아이한테 뭐든지 다 해 주는 것이 아니라 주변 사람들에게 양육에 동참하자고 설득하고 때로는 강제하고, 엄마들끼리, 양육자들끼리 연대하려 운동하고, 아이에게도 엄마의 행복을 존중하도록 가르칠 수 있는 것이어야 합니다.

자기 아이가 아닌데도 어린 사람들을 거두어 먹이려 하는 아주머니들이나 자기보다 어리고 약한 생명을 귀하게 돌보려는 어린 여자아이들에게서 놀라운 모성애를 발견하지요. 그게 정말 여성 모두에게 내재돼 있는 어떤 유전자 같은 것인지 과학적으로 잘 모르겠어요. 그리고 그게 상대적으로 그런 품성을 지니지 못한 여성을 비난하는 빌미가 되어서도 안 되겠죠. 하지만 그렇게 이타적인 속성은 분명 귀한 것이거든요. 좋은 사회는 그런 건강한 모성으로 가득하죠. 엄밀히 말하면 '모성애'뿐이겠습니까. 아버지들 혹은 앞선 세대의 어린 세대에 대한 사랑은 모두 넓은 의미에서 모성애이지요. 그런 부모의 자애가 아이뿐 아니라 모든 약자에게로 확장될 때 모성애는 '우애'의 개념으로 올라설 겁니다.

그러나 살벌한 사회에서 모성은 자기 아이 지키기에도 부족하기 때문에 이기적이고 맹목적으로 변질돼요. 우리 사회가 지금 그렇지 않은가요? 예전엔 아이들이 싸우면 설사 내 아이를 때린 아이라 하더라도 과도하게 상처받고 벌 받지 않도록 배려했어요. 이런 모습, 불과 15년 전만 해도 학교에서 흔히 볼 수 있는 풍경이었어요. 내 아이 다친 모습 생각하면 속상하지만 같이 싸운 아이를 무지막지하게 몰아붙이고 범죄자 취급하고 반드시 벌주라고 하지 않았습니다. 대개는 아이가 누군가에게 맞고 왔더라도 입장을 바꿔 우리 아이도 남을 때릴 수도 있다, 지금 우리 아이를 때린 아이도 미워만 하는 것이 아니라 이 고비를 넘기면 잘 클 수 있고 잘 커야만 한다, 즉 내 자식만 잘되는게 아니라 남의 자식도 잘 자라게 해 줘야 한다, 생각은 거기까지 미쳐 비록 지금은 미운 아이라도 '용서'할 수 있었거든요.

그러나 불안하고 피해의식으로 가득 찬 사회에서는 그런 용서가 불가능합니다. 학교에서 아이들끼리 다툼이 일어나면 아이들끼리는 곧 화해하고 잊어버려도 부모들은 상처를 극복하지 못해요. 폭력에 폭력으로 화답하고 법치라는 공권력을 무기로 싸움을 이어 나가죠.

　문제는, 이런 현상이 또한 모두 엄마들 잘못이겠는가 하는 거죠. 오늘날 한국의 교육을 망친 주범으로 엄마들의 과도한 교육열을 꼽는 사람들이 있는데, 엄마들이 그토록 아이의 교육에 매달리는 것은 자기 아이의 생존에 대한 절박감 때문이고 경쟁 사회에서 살아남지 못할지 모른다는 불안감 때문이기도 하거든요. 서로 맞물려 악순환의 고리를 만드는지는 모르지만 '엄마들 때문에' 교육이 망가졌다는 평가는 분명 과합니다. 다만, 이 모두를 엄마들 탓으로 돌릴 수는 없지만, 분명 내 아이만을 위한 독한 모성애에 매몰돼 있는 것은 아닌지 돌아볼 필요가 있어요. 나도 모르게 이 생존경쟁에서 내 아이를 살아남게 하자고 그악스럽게 굴다가 어쩌면 나 역시 커다랗게는 이 사회에 '모성의 독' 한 방울을 보태고 있는 건 아닌지 돌아보자는 거죠. 만약 조금이라도 스스로에게서 그런 모습을 발견한다면 그 상처는 어디서 온 건지 들여다보자고요. 그리고 상처도 분명하고 책임도 분명하다면, 그 다음으로 어디로 나아갈 것인가, 잘못인 줄 알고 그대로 잘못된 걸음을 내딛지 않을 방법은 무언지 찾아보자, 그게 이 강좌의 존재 이유입니다.

모성애라는 독

　과도한 모성애에 대한 처방으로는 '유전자의 이기적인 측면'

에 대해 냉정하게 생각해 보자고 하고 싶어요. 모든 삶이 아이한테 얽매여 있다고 생각해 피곤하면서도 거기서 벗어나지 못하는 엄마들, 혹은 자기가 아이를 너무나 사랑해서 매사에 아이에게 눈을 떼지 못한다고 착각하는 엄마들에게 특히요. 모성애는 자연의 지시일 뿐, 나의 인성이 훌륭해서 그런 것은 아니라고 한번 냉정하게 생각해 봅시다.

모성애가 지나치게 강하면 엄마는 괴로워요. 아이가 잘못되었을 때의 자책감도 힘들지만 아이가 사춘기가 되어 엄마 밖으로 나가려 할 때는 상실감 때문에도 괴로워요. 그리고 대개 과도한 모성애는 아이의 성취로 보상받고자 하는 경향이 있는데 그렇지 못했을 때의 실망이 아이에 대한 경멸로 표현되어 관계를 악화시키는 일도 많습니다. 그래서 과도한 모성애는 일종의 고쳐야 할 병이 될 수도 있어요. 극단적이긴 하지만 봉준호 감독의 〈마더〉라는 영화는 우리 시대 비뚤어진 모성애의 자화상이 아닐까 싶어요. 학교에서 남의 아이 얼굴에 멍을 들여 놔도 그건 어쩔 수 없는 일이었지만 내 아이 얼굴의 작은 손톱자국은 절대 용서할 수 없어 소송도 불사하겠다는 엄마들을 보면 이 영화가 떠올라요. 그리고 그런 부모가 점점 많아져서 이제 학교에서는 교사가 가장 힘들어하는 일이 행정 업무도 생활 지도도 아니고 학부모를 대하는 일이라는 말이 나올 정도거든요.

아이가 잘못을 저질렀을 때 부모가 개입할 선과 아이가 책임질 부분은 다릅니다. 그게 섞이면 안 됩니다. 물론 이것이 아이에게 냉정하게 대하라는 말은 아닙니다. 특히 아이가 상처받았거나 힘들어할 때, 어떠한 상황에서도 부모가 자기 편임은 변함없다는 믿음을 주는 것과 저지른 일에 대한 책임은 스스로 지게 하는 것은 다르다고 봅니다.

아이가 일탈 행동을 했을 때 집에서 아이한테 "엄마가 다 책임질게, 다 해결해 줄게"라고 말해서는 안 됩니다. 집에서는 "네가 잘못한 일에 대해서는 네가 분명 책임져야 한다"고 말하고 학교에 가서는 "아이를 잘못 키운 것은 저의 잘못입니다." 이렇게 말해야 해요. 요즘 부모들은 거꾸로 말합니다. 그러면 아이에게 잘못된 가치관을 심어 주죠. 아이는 자기 잘못을 부모 잘못이라고 생각하고, 앞으로도 잘못하면 부모가 해결사로 나설 것으로 생각하게 돼요. 아이에게 무심한 부모도 나쁘지만 과한 사랑도 독입니다. 사랑이 아닐 수도 있습니다.

이번에는 린 램지 감독의 영화 〈케빈에 대하여〉를 본 이야기를 나누기로 해요. 다니던 고등학교에서 대량살상을 자행한 남자아이, 케빈에 대한 영화입니다. 주인공 케빈을 감정이 없는, 혹은 타고난 범죄자인 사이코패스나 소시오패스로 보기에는 좀 어렵지 않나 생각합니다. 아주 짧게, 미미하게나마 케빈이 엄마에게 보여 주는 섬세한 감정선이 있거든요.

영화는 아이가 왜 그런 범죄자가 되었는가, 엄마와의 관계에서 원인을 찾아보려 합니다. 그런다고 해서 그저 '원치 않는 임신이 아이를 사이코패스로 만들었다'라거나 '엄마의 잘못된 양육이 아이를 망쳤다'라고 결론을 내리기에는 영화가 그리 단순하지만은 않습니다.

We need to talk about Kebin

원래 이 영화의 제목은 〈We need to talk about Kebin〉입니다. 콜롬바인 총기 난사 사건 가해자의 엄마인 수 클리볼드의 《나는 가해자의 엄마입니다》와 함께 이 영화를 본다면 그렇게 단순한 구도로 볼 것이 아니라는 생각을 하게 될지도 모릅니다. 우리 모두가 함께 생각하고 충분히 이야기해 봐야 할 어떤 문제를 그냥 '사이코패스', '엄마의 모성 결핍' 이렇게 이야기하고 덮어 버리는 건 아닌지, 반성하면서요.

어머니로서 우리 자신에 대해 돌아보기 위해 영화 속 케빈의 어머니에게 초점을 맞추면서 영화를 봅시다. 아이도 이상하지만 엄마의 행태가 심상치 않거든요.

엄마는 잘나가는 여행 저널리스트였어요. 그런데 갑자기 임신이 되어 아이를 낳고는 무기력하고 우울해집니다. 그녀의 명성이나 전문가로서의 바탕까지는 아니어도 우리 역시 임신이 내 삶에 미칠 엄청난 파장을 생각하고 심각하게 고민해 본 경험들이 있죠.

　엄마는 아이를 전혀 돌보지 않아요. 아무리 말 못 하는 아기라도 엄마가 자기를 싫어한다는 걸 느끼지 않을까 싶을 만큼 엄마는 무심합니다. 너무나 충격적이었던 장면은, 유모차에 아기 케빈을 앉히고 길을 가던 엄마가 도로 공사를 하느라 엄청나게 시끄러운, 천공기 소리가 나는 도로를 지나요. 보통 엄마들 같으면 먼지 나고 소음이 심한 곳에 아기를 데리고 지나가면 기겁을 하겠죠. 그런데 엄마는 오히려 그 공사소음에 아이 울음을 묻다시피 해요. 차라리 아이 울음소리가 안 들리면 마음이 편하다고 생각한 걸까요? 보통 엄마라면 저런 행동을 할까요? 아기는 얼마나 공포스러웠을까요? 그뿐이 아니에요. 아이한테 화를 내다 팔을 부러뜨리질 않나, 엄마가 정서적으로 아이를 학대한다 싶은 장면도 많아요.

　이렇게 줄거리를 추려 보면, 원하지 않는 임신, 사랑 없는 출산은 아이를 저렇게 만든다, 이런 결론에 도달하고, 그러니까 엄마가 잘해야지, 이렇게 '엄마 각성 촉구 영화'가 되어 버립니다.

그럼 아빠는?

그런데 이제부터는 영화를 다른 각도로 보겠습니다. 아빠 이야기를 하죠, 이제. 아까 '준비된 임신, 준비된 엄마' 이야기할 때 한 질문을 다시 하겠습니다. 그러면 아빠는?

아빠는 뭐 했죠? 케빈한테 잘해 줬죠? 아, 그러니까 더더욱, 좋은 아빠에 무심한 엄마, 이렇게 대비되는 두 사람의 양육 태도 때문에라도 케빈이 그렇게 된 건 엄마 탓이다, 이렇게 보일지도 모르겠어요. 그런데 의문이 하나 생겨요. 케빈은 왜, 그렇게 자기에게 사랑을 쏟았던, 어떤 행동을 해도 이해해 주던 아빠를 결국 죽게 만들까요?

자, 영화 처음 장면으로 가겠습니다. 엄마가 원치 않는 임신을 했다고, 아이 낳고 싶지 않다고 애인에게 말했을 때 그는 어떻게 반응하던가요? 여자가 정말 원하는 게 뭔지, 임신으로 느끼게 된 절망이 얼마나 큰지 공감하던가요? 그는 잘 들어 주는 사람처럼 보이지만 사실은 사람이 좋을 뿐 진심으로 깊이 들어 주고 공감하는 사람이 아니었어요.

아이를 키울 때도 마찬가지였죠. 아내의 두려움에 관심이 없어요. 아이를 키우는 방식에 대해 두 사람은 의논하지 않아요. 양육 태도의 차이에 대해 무엇이 문제인지 함께 애쓰려 하지 않죠. 최선을 다했다고요? 제가 보기엔 아닙니다. 무심하니까 문제에 노출되지 않았을 뿐 문제를 감지하지 못한 것이죠. 무능일 수도 있고 무신경일 수도 있어요.

케빈의 아빠는 아내의 고충, 아이의 결핍을 전혀 모릅니다. 자기만 천사예요. 이건 또 다른 방식의 방임이요 무책임이라고 봅니다. 아내가 이상하게 느껴지지 않았을까요? 무엇이 힘드냐고 물었어야죠. 케빈이 이상하다고 느껴지지 않았나요? 엄마와 아이 사이를 이어 주려고 노력했어야죠. 아이는 혼자 크지 않아요. 엄마와 단둘이 크지 않아요. 예전에 마을에서 아이를 함께 키우던 시대가 좋았던 건, 혹여 부족한 어미아비가 아이를 잘 돌보지 못하면 대체할 수 있는 동네 엄마아빠들이 있었고, 아이가 잘못된 태도를 가지면 내 아이처럼 가르치고 꾸짖던 어른들이 있었기 때문이에요. 아이의 속내를 헤아려 주는 것, 부모가 못 하면 형제, 사촌, 당숙, 이웃 형들이 했다고요. 케빈에게는 그런 역할을 할 사람이 없었다는 게 무심한 엄마를 만난 일 못잖은 불행이었던 거죠.

아이가 두려운 엄마

가끔 엄마는 아이가 두렵습니다. 평범한 엄마라도 자기가 아이를 다 알지 못한다는 사실도 무섭고 만약 아이가 심한 잘못을 저지른 경우라면 괴물을 낳은 것인가 싶어 두렵고요. 학교에서 학부모 상담을 하다 보면, 특히 아이가 사고를 쳐서 부모님이 학교에 오게 되면 "제 아들이지만 어떨 땐 아이가 무서워요"라고 고백하는 어머니들이 있어요. 그런 심리적인 공포만이 아니죠. 남학교라 신체적으로 급격하게 성장하는 아이들이 덩치도, 힘도 금세 엄마보다 세져서 전처럼 야단을 쳐도 듣지 않거나 심지어 힘겨루기할 때도 많거든요. 문고리 잡고 힘겨루기해 보신 적 있으세요? 극단적으로 아이 등짝 한 대 때리려다가 손목을 그러쥐는 아이 힘에 공포감을 느꼈다는 엄마도 있고요. 그럴 때는 어찌해야 할까요?

아이가 잘못된 길을 간다고 모두 부모 책임이라 할 수 없지만, 나쁜 기질을 타고났거나 나쁜 상황에서 나고 자란다고 해도 부모가 최선을 다하면 잘 살아 낼 수 있다고 믿어요. 적어도 더 나빠지지는 않게 할 수 있다고 생각해요. 이것은 교육에 대한 믿음이겠죠? 교육의 힘을 믿지 않는다면 애써서 좋은 부모가 되려는 노력은 무슨 필요가 있을까요? 저처럼 교사의 길을 선택한 사람은 누구보다도 교육의 힘을 믿어야겠지요.

바다는 강물이 범람한다고 두려움을 느끼지 않습니다. 교사나 부모 중에서 아이에게 두려움을 느끼는 경우 대개는 어른의 품이 넓지 않기 때문에 그렇다고 생각해요. 타고난 악마가 아닌 이상, 아이들의 일탈 행위는 대개 불안이나 결핍에서 옵니다. 아이의 문제가 부모의 잘못 때문이 아니라도 부모나 교사는 아이가 무엇 때문에 불안해하는지, 엇나가게 되었는지를 이해하려 애써야 합니다. 그리고 해결 방법을 모색해야지요. 아무것도 하지 않고 한숨만 쉬다 결국 아이를 포기하는 일은 없어야 합니다.

6강에서는 이 무거움을 떨치고 '그렇다면 어떤 엄마가 되어야 할까'를 생각해 봅시다. 애니메이션 한 편 볼까요? 호소다 마모루의 〈늑대 아이〉를 보고 함께 이야기해요. 《프랑스 아이처럼》을 같이 읽어 오시면 더 좋겠습니다.

활동지 ❻

어머니 되기의 무거움

김애란의 소설 《두근두근 내 인생》과 린 램지의 영화 〈케빈에 대하여〉를 보고

❶ 나는 준비된 엄마였는가?

❷ 준비된 엄마가 아니라서 아이를 잘못 키우는 것일까?

❸ 어느 정도의 '책임감'이면 엄마로서 적정한가?

❹ '케빈'의 문제는 엄마의 무책임에서 비롯된 것일까?

❺ 아이가 두려운 엄마는 어찌해야 하는가?

❻ '엄마의 책임'이 아닌 '관계'로 바라보기

부부의 양육 태도가 맞지 않을 때 어찌할 것인가?

양육의 책임은 엄마, 아빠, 혹은 사회, 어디에 있는가?

온 마을이 함께 아이 키우기에 대해 이야기해 보자.

어떤 엄마가 될 것인가

6강　어떤 엄마가 될 것인가

늑대 아이·애니, 프랑스 아이처럼[책]

호소다 마모루의 애니메니션 〈늑대 아이〉는 어린 자녀를 키우는 이야기를 하고 있어요. '뭐, 난 다 지났네', 이렇게 생각하지 마시고 아이들이 어렸을 때 나는 어떻게 키웠는지에 대해 수다 떨기에 진입해요. 그런데 그게 무슨 의미가 있을까요? 다 지난 양육 이야기가?

아이가 어렸을 때로 돌아가 보기

어린 자녀를 대하는 나의 태도가 어떠했는지를 돌아보는 일은 참 중요합니다. 그게 지금 사춘기 자녀를 대하는 태도와 연관성이 없을 수 없겠죠. 그리고 교재 속의 다른 나라 엄마들의 양육 방식과 나의 방식, 한국 엄마들의 양육 방식을 비교해 보는 것도 중요한 의미가 있어요.

우리 아이들 아직 다 크지 않았고요, 아이가 성인이 된다고 해도 부모와의 관계는 계속 이어지겠지요. 그러니, 아직 늦지 않았습니다. 지금부터는 아이들이 어렸던 시절로 돌아가 봅니다. 상상 속에서 아이들 어렸을 때의 우리 집, 아이들과 함께했던 공간으로 되돌아가요. 지금보다 좀 젊은 아이 엄마인 나, 거기 잘 있나요? 아이 키우는 모습을 한번 바라보죠. 〈늑대 아이〉 속의 엄마, 하나와 나를 비교하면서요.

〈늑대 아이〉 재미있게 보셨나요? 저는 영화관에서 보았는데요, 재미있기도 했지만 엔딩의 〈어머니의 노래〉를 들으면서 많이 운 기억이 나요. 영화가 개봉했을 땐 이미 우리 집 아이들이 다 커서 작은애가 고등학생이었는데도 영화 속 작은 아기들을 보니까 제가 아이들 키울 때 생각이 나서 울컥했어요. 너무 힘들었던 기억이 나서 저 자신이 안쓰럽기도 하고, 다시 돌아오지 못할 그 너무나 어여쁘던 아이들의 세월이 그립기도 하고, 그때 그 조그만 아이들을 키우면서 느낀 깊은 애정, 걱정, 불안, 이런 것들이 새삼 올라와서도 그랬던 것 같아요.

'늑대'는 무엇을 상징하는가

일본 만화에는 동물이 사람으로 변하는 장면이 자주 나오죠. 다른 만화와 마찬가지로 〈늑대 아이〉 속 '늑대'도 인간이 잃어버린 순수한 자연으로서의 수성獸性을 뜻하는 것 같아요. 저는 늑대를 자본주의 사회에서 경제적으로 도태된 하층민으로

읽었어요. 주인공인 하나 역시 잘사는 사람은 아닌 듯 보이지
만 그래도 그럭저럭 살아갈 만은 한 것 같아요. 그에 비해 하나
의 늑대 남자 친구는 어쩌면 이주민, 어쩌면 지독하게 가난하
여 대학 진학을 할 수 없는 빈민층이 아닐까 싶네요. 주류 사회
에 편입할 수 없는 존재. 어쩌면, 이제는 일본 사회에서 그 뿌리
를 거의 들려 버리다시피 한 '좌파'의 잔상도 보이고요. 실제로
멸종했다는 일본 늑대의 형상을 한, 과묵한 그는 뭔가 하고 싶
은 말이 많은 듯해요. 늑대 남자 친구가 하나를 만난 건 대학 강
의실에서잖아요. 철학 수업을 도강하는 외로운 늑대라….

　만약 거리에서 늑대를 발견했다면 사람들은 경악하겠죠.
그를 위험하다고 쫓아내려 들고 결국은 살해하겠죠. 이주민,
하층민, 좌파들은 자신의 정체를 가능한 한 숨기고 살아야 할
거예요. 정체를 드러내면 사회는 마치 짐승을 대하듯 배제와
분리의 시선으로 바라볼지도 몰라요. 늑대 남자 친구는 어떻
게 해서든 그 사회에 편입해 보려는 선택의 일환으로 대학 수업
을 도강하고 평범한 여자를 사랑하고 아이까지 낳으며 노력하
죠. 그런데 하나는 왜 남자 친구가 '늑대'인 줄 알면서도 그를 사
랑하고 아이를 낳았을까요?

경계를 허물 수 있는 사람, 본질을 보는 사람

하나는 인간이지만 동물과의 경계를 허물 수 있는 사람입니다. 말하자면 오염이 덜된 인간이죠. 우리 사회에서도 변혁을 가능하게 하는 사람들은 그러한 계급이나 계층의 경계를 허물려고 노력하는 사람들이었어요. 어느 사회에나 그가 가진 기득권이나 부와 상관없이, 혹은 지성과 상관없이 가치관으로써 진보적 삶을 선택하는 사람들이 있죠. 하나도 일종의 소시민적 삶을 포기하고 사랑하는 이의 세계, 혹은 신념이 가 닿는 세계로, 비록 그것이 맨땅에 헤딩하는 고난의 세계일지라도 스스로 걸어 들어가 기꺼이 편입되는 그런 삶을 택합니다.

이 애니메이션에 대해 이상화된 모성애가 부담스럽다고 평하는 이들도 많은데요, 하나가 아이들을 키우는 고난의 과정을 극복하는 방식과 아이들을 대하는 태도가 오히려 일반적인 엄마들과 다른 점이 있죠. 그가 그럴 수 있었던 것은 바로 애초에 늑대를 사랑할 수 있었기 때문에 가능했던 게 아닐까 싶어요. 만약 하나가 늑대에게 끌렸더라도 정체를 아는 순간 뒤돌아 인연을 끊어 버렸다면 아이들을 키우는 태도도 달랐을 거예요. 다른 세계임을 알고도 걸어 들어갈 수 있는 사람, 경계를 넘어설 수 있는 사람, 계산하지 않고 손해 볼 수 있는 사람, 손해 볼 걸 뻔히 알고도 선택할 수 있는 사람, 삶의 본질을 버리지 않을 사람, 그런 사람이 엄마가 된다면 아마도 하나 같은 엄마가 되겠죠.

동물적인 모습

영화 보면서 제일 재미있었던 장면은 아이들이 클 때 본성이 드러나면 늑대로 변하는 장면이었어요. 특히 두 아이가 싸울 때. 어찌나 공감이 가던지요. 아이들이 놀다가 어지르고, 특히 싸우고 그럴 때 보면 거의 짐승 같잖아요. 강아지 새끼들 같고. 크면서 점점 늑대였던 시간이 줄고 사람 같아지는 시간이 많아지는 것, 만화영화 속의 은유만은 아니라는 생각이 들죠. 아무 데나 밥 흘리고 그러던 녀석들이 제대로 앉아 식사를 하고요, 글자 그대로 똥오줌 못 가리던 아이들이 배변을 가려 가는 모습, 사람을 대하는 태도를 배워 가고 자기 의견을 피력하고, 서로 의견을 조정하고 지적으로 스스로 성장하기까지 길다면 긴 시간, 어쩌면 참으로 짧은 시간이 걸리잖아요. 그 과정에 일어나는 기적은 대개 부모나 양육자들의 노력에 비례하고요. 그래서 다시, 교육은 참 힘이 세다고 생각해요. 어떤 분은 타고난 본성과 기질을 이기는 것은 없다고 하는데, 그렇다 하더라도 그 기질을 어떻게 좋은 쪽으로 발현시키는가 하는 것은 분명 교육의 힘입니다.

엄마 혼자 애 키우기

늑대 아빠는 두 아이를 키우기 위해 거친 일도 마다하지 않고 열심히 살지만 어느 날 갑자기 죽어 버립니다. 애니메이션 여기저기에 숨어 있는 은유 중 가장 큰 은유라는 생각을 했어요. 아빠들은 여러 이유로 아이 양육에서 부재합니다. 먹고살기 어려워서든, 사회가 주는 억압 때문에든, 남녀 간의 불평등 때문이든. 저도 갑작스럽게 죽어 버리는 늑대 아빠를 보면서 괜히 화가 나더라고요. 애들은 어쩌라고, 애 엄마는 어쩌라고!

하나는 늑대 아이들을 어떻게 키워야 하는지 몰라 난감해하죠. 늑대 아빠가 살아 있을 때 미리 좀 물어볼걸, 하고 후회도 해요. 우리도 아이들 키우면서 대개 처음 겪는 이 난관에 어디 물어볼 데라도 좀 있었으면 할 때 참 많았죠? 하나의 '독박 육아'는 역시 그런 현실의 비유로 보여요.

하나는 왜 산으로 갔을까

저는 스스로 선택한 운명을 받아들이는 하나의 태도에 주목합니다. 인간으로서 살아가는 방식으로 아이들을 교육하는 게 아니라 아이들의 특성에 맞추어 알맞은 교육 환경을 찾아나서는 자세 말입니다. 도시에서 아직 유아 단계인 아이들을 키울 때, 하나는 그들의 늑대 기질을 죽이려 애쓰지 않습니다. 그걸 감추려는 노력은 감당하려 들지만, 결국 감추고 살 문제가 아니라는 것을 깨닫자 다음 선택을 하죠. 아이들이 혹여 늑대로 변해도 괜찮을, 맘껏 뛰어놀 수 있는 곳으로 찾아가요. 그렇게 찾아간 것이 바로 시골이고 산속입니다.

하나는 아이들을 윽박지르지 않아요. 본성을 본성대로 이해하고 그다음을 고민하기 때문이지요. 아이에 대한 이해가 전제되면 부모도 덜 아프답니다. "도대체 왜 저러는지 모르겠다." 아이를 이해하지 못하는 것이 가장 고통스러운 일 아니던가요? 그런 면에서 우리 엄마들은 하나의 넉넉한 품을 배울 필요가 있을 것 같아요. 솔직히 저도 영화를 보는 내내 엄격하지도, 그렇다고 정말 자애롭지만도 못했던 나의 모습을 많이 돌아보았거든요. 무엇이든 허용하자는 의미가 아니라 "안 돼"라고 말할 때도 상처 주지 않고 말할 수 있는 엄마이지 못한 이유가 무엇일까를 생각해 봅니다. 몸이 좀 편안한 날은 최대한 대화를 하면서 문제를 해결할 수 있었는데 그렇지 못한 날이 많았고, 아이들한테 화내고 소리 지르고 나면 몸이 힘들고 피곤한 것도 억울한데 아이들한테 나쁜 엄마 노릇 한 것이 더 화가 나고요. 아이들은 애들답게 행동한 것뿐이지 그 어린것들이 '엄마도 힘들 테니 우리가 잘하자'라고 생각해 주지 못했다고 서운해할 건 뭔가 싶어 미안했던 기억이 있습니다.

하나도 아이들이 늑대로 살아가기를 원하지 않았을 거예요. 그 욕구가 더 강력했다면 아예 처음부터 아이들이 스스로 늑대라는 것을 자각하지 못하도록 키웠을 수도 있어요. 그러려

    교사와 부모 사이

면 얼마나 많은 것을 억압해야 했을까요? 얼마나 엄격해야 했을까요?

그런데, 그런 시도는 성공할 수 있었을까요? 우리는 잘 알아요. 만약 엄마가 그렇게 했다면 결코 성공할 수 없었으리란 걸. 타고나길 절반은 늑대인데 어떻게 그걸 완전히 버릴 수가 있겠어요. 그런데 우리는 그런 시도를 하죠. 우리 자녀들은 어쩌면 늑대일지도 몰라요. 우리는 기를 쓰고 인간으로 살게 하려고 해요. 운동장에서 축구를 네 시간도 할 수 있는 아이들을 학원 책상에 다섯 시간 앉혀 놓을 수 있는 게 대한민국 엄마들이에요. 그럴 리가 없다고요? 우리 아이는 늑대 새끼가 아니라고요? 우리는 자식들을 다 알고 있나요? 하나가 아이들 안에 어떤 속성이 들어 있는지 다 몰랐듯이 우리도 잘 모르는 거 아닐까요? 아예 아이가 가지고 있는 근본 속성 자체를 아직도 모르는 것은 아닐까요?

하나는 아이들의 본성을 충분히 발현하게 합니다. 산에 가서 맘껏 뛰어놀게 두죠. 또한 아이들의 선택을 존중해요. 아메가 늑대의 삶을 선택했을 때 억지로 막지 않아요. 슬픔과 두려움은 엄마의 몫이죠. 아메의 엄마가 좋아서 선택한 건 아니었죠? 보내고 가슴 아파하지만 먼 곳에서 들려오는 아메의 목소리를 통해 그의 행복을 빌어요.

영화 초반에는 유키가 늑대로 클 것처럼 보였지만 의외로 내

성적으로 보이는 아메가 산으로 가죠? 사람의 본성은 다면적임을 보여 주는 장면 같아요. 성장 과정에서 무엇이 발현되는지, 무엇을 선택하는지가 인생의 예술이죠. 아메에게 늑대로서의 본성이 더 강하게 숨어 있어서 그랬다기보다, 유키는 남자 친구를 만나는 과정에서 사람의 세상을 선택할 계기를 만나게 되고, 겁쟁이 아메는 산속 지도자인 여우를 만나는 과정에서 자기 정체성에 대한 자부심을 깨닫게 되잖아요. 인생의 중요한 고비에서 만나는 친구나 멘토들이 나의 본성이나 욕구 중 어떤 부분을 건드려 주는지가 미묘하게 인생의 방향을 틀어 주죠.

본성을 맘껏 발산하라

우리도 한번 돌아보아요. 나 자신의 천성은 무엇일까를. 저는 유키에게서 제 어린 시절을 보았어요. 유키는 결국 사람 여자로 잘 살아갈 거예요. 그런데 문득 자기 안에서 자연이 부르는 본성에 부르르 몸을 떨겠죠. 그 그리움의 원천이 무언지 잊고 긴 세월을 견뎌야 할지도 몰라요. 저도 어렸을 때 들판을 뛰던 에너지와 우울과 공포를 품고 살던 두 가지 모습을 다 가지고 있었어요. 그중 침착함이라든가 우울 같은 것이 저의 중심을 잡고 오랜 세월 살아왔는데요, 가끔은 열 살 무렵 내 안에 숨겨져 있던 그 폭발적인 에너지는 어떻게 소멸하였을까 궁금해

 교사와 부모 사이

질 때가 있어요. 그리고 그때의 나와 지금의 나를 다른 길로 살게 한 계기는 무엇이었을까 알고 싶어지기도 해요.

어머니들이 어린 날의 자기 모습을 돌아보는 것은 지금 내 아이가 어떻게 살게 될 것인가를 예측하게 하는 데 굉장히 중요합니다. 내가 나를 아는 것은 내 아이가 자신을 찾아가게 하는 데 도움이 된다는 것, 잊지 마시기를 바랍니다.

다시, 유키와 아메로 가죠. 어떤 아이나 다면성을 가지고 있어요. 그중에 무엇을 자신의 특성으로 삼을지는 대개 아이들이 선택합니다. 아이 자신의 선택, 친구의 영향, 외적 조건들, 이런 것들을 차단하고 부모가 만들어 놓은 틀대로 아이들이 자라기를 바라는 조바심이 아이들을 망쳐요.

부모가 할 일은 경험의 마당을 넓혀 주는 일이에요. 거기서 맘껏 아이의 본성을 발현하고 스스로 제 본성을 찾게 해 주는 일이 부모가 할 일입니다. 파멜라 메츠가 노자의 도덕경을 새로 쓴 《배움의 도》라는 책에 이런 구절이 있습니다. "슬기로운 교사가 가르칠 때 학생들은 그가 있는 줄을 잘 모른다. 다음가는 교사는 학생들에게 사랑받는 교사다. 그 다음가는 교사는 학생들이 무서워하는 교사다. 가장 덜된 교사는 학생들이 미워하는 교사다."

훌륭한 교육은 부모나 교사가 공기나 물처럼 아이들 곁에 있어 주고 아이들은 또 최선을 다하며 자연스럽게 잘 자라나

는 것이겠지요. '너 그렇게 만든 거 다 엄마 덕인 줄 알아라', 이
건 결국 아이에게 그러니까 '너는 자존이 없는 녀석이다' 하는
선언이나 다를 바 없는 것입니다. 그러니까 우리 공치사는 하지
말기로 해요.

중요한 것은 '관계'

저는 관계가 참 중요하다고 생각해요. 운명론적인 관점을
믿는다고 해도 중요한 것은 '어떤 운명을 타고났는가'가 아니라
'어떤 사람을 만나는가'라고 생각합니다.

부모와 자식의 관계도 그러하지만 아이들이 세상에 나갈
때도 어떻게 사람들과, 세상과 관계 맺기를 할 것인지를 잘 가
르쳐 줘야 합니다. 부모가 해야 할 역할은 좋은 관계를 맺을 수
있는 '태도'를 가르쳐 주는 것과 넓고 다양한 관계 맺기의 '가능
성'을 열어 주는 것이어야 한다고 생각합니다.

당연히 엄마의 양육 태도는 자녀에게 영향을 미칩니다. 그
러니까 끊임없이 좋은 엄마가 되려 노력하고 양육의 실수나 실
패를 저지르지 않으려고 공부하고 애쓸 필요가 있어요. 다만
모든 일을 자신의 탓으로 돌리는 것은 바람직하지 않아요. 아
까도 말씀드렸지만 관계가 중요하다니까요. 아이도 엄마에게

영향을 주잖아요. 이건 상호적이고 상대적이죠. 그리고 아이와 엄마가 어떤 관계를 맺고 살아가는가에는 주변 사람들도 영향을 미치잖아요. 여기서 우리가 유능해져야 하는 부분은 뭐다? 아이를 포함해 주변 사람들이 서로 좋은 관계들을 유지하게 하여 궁극적으로 아이가 잘 자랄 수 있게 하는 것, 남편, 아이의 조부모, 다른 가족, 자녀끼리의 관계, 이런 것들을 균형 있게 유지하게 하는 게 진정한 엄마의 역할이고 능력이겠죠, 학원 정보보다 정말 중요한. 이것은 '지혜'의 영역이기도 합니다.

과거 농촌 사회에서는 마을공동체가 아이의 육아와 교육의 짐을 덜어 주었던 점, 우리 70, 80년대도 그렇고 프랑스처럼 어린아이들의 질서나 훈육에 엄격한 사회에서는 부모의 교육이 상대적으로 수월했던 점을 생각해 보아요. 좀 어린 아기들의 육아에 관한 책이지만 파멜라 드러커맨의 《프랑스 아이처럼》을 보면 프랑스는 미국에 비해 어린이에 대한 교육이 엄격한 편이랍니다. 저자인 드러커맨은 미국의 저널리스트인데 프랑스에 가서 살고 거기서 두 아이를 낳아 기르면서 프랑스와 미국의 양육 방식을 비교합니다. 저는 읽으면서 완전히 같지는 않지만 우리나라의 자녀 교육이 미국과 많이 닮아 가고 있다는 생각을 해보았어요.

《프랑스 아이처럼》이 제시하는 프랑스식 교육이 다 옳다는

것은 아니지만 미국인 입장에서 양육에 대해 성찰하는 모습이
저에게는 씁쓸하게 다가왔어요. 이 책에 근거해 영화 〈케빈에
대하여〉를 바라볼까요? 케빈의 엄마 에바가 케빈이 일으킨 '학
살 사건' 이후 마을의 비난을 온몸으로 감내하면서 살아가잖
아요. 책임은 그렇게 지우지만 케빈의 성장 과정에서는 어땠나
요? 마을이 함께 아이를 키우는 데 힘을 보탰나요? 프랑스에서
배려, 관계 등에 대한 교육을 좀 엄격하게 하는 데 비해, 우리는
급격한 근대화, 압축적 성장 과정 속에서 과거의 '공동체 육아'
방식을 철저히 버렸어요. 이제는 이웃이 함께 아이를 키우기는
커녕 학교와 함께 힘을 합쳐 자녀를 양육하는 방식조차 파기해
버렸습니다.

'좋은 세상 만들기' 노력이 '좋은 양육'의 지름길

결국 양육은 엄마 혼자의 몫이 아니라는 이야기를 하고 싶
습니다. 지금 내 아이만 잘 키우는 문제에 집중할 것이 아니라
좋은 세상을 만드는 일에 노력을 기울여야 하는 까닭이 바로
거기에 있어요.

아이 양육은 엄마의 책임이 아니라 가족 모두 협력해야 할
부분이고 교사와 지역 사회, 국가, 정치적 관계망 전체의 책임입
니다. 결코 혼자서 아이를 잘 키울 수 없습니다. 주변의 힘을 어

떻게 모아 볼 것인가를 고민하는 엄마가 진짜 똑똑한 엄마인데요, 그렇다고 학교 학부모회나 무슨 단체에 가입하고 '돼지엄마'를 따라 정보가 좋은 학부모들 라인을 타는 그런 것을 공동체라고 볼 수는 없어요. 이익과 이익이 만나면 평화로울 때는 서로 도움이 되는 듯 보여도 결국 자신들의 이익에 조금만 반하면 금세 반목하고 경쟁하게 됩니다. 그건 공동체가 아니죠. 연대도 아니고요. 함께 힘을 모아 모두의 아이를 잘 키우자는 게 아니라 여럿의 힘을 이용해 내 아이만 잘 키워 보려는 의도에서 출발한 것이기 때문에 결국은 상처를 남기게 됩니다. 진정한 연대가 무엇일까를 고민하고 나아가야만 하나처럼 좋은 엄마조차 이뤄 내지 못한 올바른 양육과 교육의 길로 나가는 것이 보일 겁니다. 고정희 시인의 시 〈우리들의 아기는 살아 이는 기도라네〉를 함께 읽으면서 마무리하겠습니다.

다음 시간에는 나의 양육 태도를 돌아보는 활동을 할 겁니다. 부모님은 내게 어떤 부모님이셨는지, 추억을 소환할 거고요, 지금 내 모습과 내 부모님 모습도 비교해 보고 배우자와 나의 양육 태도의 차이점이 무언지도 살펴보도록 하겠습니다.

어떤 엄마가 될 것인가

❶ 애니메이션 〈늑대 아이〉에서 '늑대'가 상징하는 바는 무엇일까?

❷ 하나는 왜 남자 친구가 '늑대'인 줄 알면서도 그를 사랑하고 아이를 낳았을까?

❸ 하나가 아이들을 키우기 위해 이사를 한 이유는 무엇인가.

❹ 하나의 양육 방식에 대해 한국 엄마들의 양육 방식과 비교해 생각해 보자.

❺ 영화에서 자신의 아이를 키울 때의 모습과 비슷한 장면을 찾는다면?

❻ 자신이 만약 늑대 아이라면 자신은 '유키'와 '아메' 중 누구와 닮았다고 생각하는가?

❼ 그 외 인상적인 장면은 무엇인가?

❽ 〈케빈에 대하여〉와 〈늑대 아이〉를 비교해 다음의 문제를 생각해 보자.

타고난 기질과 양육 중 무엇이 아이의 행동과 성품을 결정하는가.

엄마의 양육 태도는 아이에게 얼마나, 어떠한 영향을 미치는가.

무엇이 올바른 양육 태도인가.

❾ 자신이 알고 있는 '엄마의 양육 태도'에 관한 책이나 영화를 소개해 보자.

나의
양육 태도
돌아보기

7강 나의 양육 태도 돌아보기

아들러 심리학, 명륜동 행복한 상담실[책]

양희은 씨와 악동뮤지션이 함께 부른 〈엄마가 딸에게〉를 먼저 함께 볼까요? 누군가 그러데요. 엄마와 딸은 너무 가까워서 서로에게 상처를 주고 아버지와 아들은 너무 멀어서 상처를 준다고. 엄마와 아들은, 애틋한데 영원히 이해할 수 없는 관계가 아닐까, 그런 생각도 해 봅니다.

좀 살벌하게 말씀드리면 지금 우리 아들들이 '원수같이' 느껴질지도 모르지만 앞으로 더 좋아지지 않을 수도 있다는 거…. 고등학생쯤 되면 아들들의 날뜀 현상이 좀 덜해지고요, 대학생 돼서 이제 이 녀석이 잘 컸나 보다 하면 맨날 늦게 들어와요. 그러다 곧 군대 가고요, 군대에서 돌아와서 여자 친구 생겼다, 이러면 이제 아들은 엄마 품을 떠나는 겁니다. 그러니까 미우니 고우니 해도 지금 이 순간이 이 생애 우리 아들이랑 알콩달콩, 가장 밀착된 마지막 순간일 수도 있다는 말씀을 드립니다.

살벌한 시대

  살벌한 이야기를 하는 김에 마저 하자면요, 지금 시대만큼 아들과 엄마의 관계가 나빴던 때가 있었을까 싶어요.

  패드립이라고 들어보셨죠? 부모를 욕하는 패륜적인 행동을 말하는데 사실 패드립은 동서고금 다 있었어요. 하지만 과거에는 정말 날건달들이나 하던 욕이라면, 요즘은 아주 평범해 보이는 아이들도 상대방 부모를 욕하는 패드립을 쉽게 한다는 게 문제입니다.

  요즘 아이들이 컴퓨터 게임을 많이 하는데 대개는 게임을 하면서 채팅창을 열어 놓고 대화를 나누면서 해요. 대화라고는 하지만 거친 말들이 대부분이죠. 게임에서 적의 관계에 놓여 있는 사람과는 게임 속의 싸움의 연장인 심리전도 만만찮아요. 이때 상대방을 심리적으로 제압하려고 욕을 많이 하는데 가장 강력한 욕이 상대방 엄마 욕이에요. 예를 들어 드리면 아마 기겁을 하실 거예요. 가장 게임을 많이 하기 시작하는 초등학교 3, 4학년 아이들이 '느금마' 이러면서 쌍욕을 하죠. 인터넷상에서 글자로 하던 욕이 입에서 나오고요, 이제는 학교 복도에서도 심심찮게 들립니다. 심지어는 친구의 엄마 이름을 알아내서 엄마 이름에 성적인 욕설을 하기도 합니다.

  그 원인이 뭘까 생각해 봤어요. 부모 욕이란 건 굉장히 금기

의 영역인 거잖아요. 그런데 그렇게 함부로 왜 남 부모 욕을 할
까요?

아이들 마음속 깊은 곳에는 사실 자기 엄마에 대한 불만이
굉장히 많습니다. 무의식의 세계에 깊숙이 가라앉아 있는, 자
기 자신도 머리로는 의식하지 못하는 그런 불만인 거죠. 아이
들은 부모를 가장 가까이에서 자기들에게 '공부, 공부' 하고 강
요하는 존재로 여깁니다. 그중에서도 가장 밀착해서 생활하는
엄마를 특히 자기에게 스트레스 주는 존재로 느낍니다. 생각하
는 게 아니라 '느끼는' 겁니다. 물론 머리로는 엄마가 날 위해 그
런다는 걸 알지만 마음으로는 그렇지 않거든요. 그렇게 무의식
의 세계 속에 자기 엄마에 대한 미움이 있고, 그게 매우 팽배해
있어요. 아이들하고 국어 시간에 수필을 쓸 때 예전에는 부모
님에게 미안하고 고맙다는 이야기가 많았지만 요즘은 엄마에
대한 원망이 참 많아요. 그런데 아이들이 엄마에게 무의식적인
부담감을 느끼고 스트레스를 받고 미움을 느낀다고 해도 자기
엄마를 스스로 욕할 수는 없잖아요. 그러니까 남의 엄마를 욕
하는 건 아닐까요?

90년대 엄마 괴담

그런데 이런 이야기, 즉 엄마에 대한 불편한 심리에 관한 이야기는 90년대에도 나왔어요. 80년대 말부터 영화 〈행복은 성적순이 아니잖아요〉 수준의 학업 스트레스에 시달리는 학생들 이야기가 사회 문제가 되었던 것, 기억하시죠? 지금과 비교해 보니 우리 세대가 겪은 학업 스트레스라는 게 애교로 느껴질 지경이 되었죠. 하여간 그때부터 심해진 학업 스트레스가 90년대가 되면 엄마 괴담으로 발전합니다. 여러분 엘리베이터 괴담 아세요?

학교에서 10시까지 야간 자율학습을 하던 여고생이 어느 날 엄마한테 그래요. "엄마 무서우니까 야자 끝나면 아파트 입구에 날 데리러 와 줘. 엘리베이터 탈 때가 제일 무섭단 말이야." 그래서 엄마가 아이 마중을 나갔죠. 엄마와 딸이 함께 엘리베이터를 타고 올라갔어요. 10층, 11층, 12층…. "엄마, 여기, 여기를 지날 때 기분이 늘 이상해." 13층을 지나면서 딸이 말합니다. 그러자 엄마가 딸을 돌아보면서 이렇게 말하죠. "넌 아직도 내가 네 엄마로 보이니이이~?"

무섭죠?

그때도 언론에서 정신분석학자나 교육전문가들을 통해 이 괴담들을 아이들의 무의식에 자리 잡은 엄마에 대한 적대의식으로 해석했습니다. 엄마를 돌봄과 사랑의 존재가 아니라 공부 열심히 하라고 부추기는 무서운 존재로 인식하는 거죠. 가장 큰 공포는 가장 가까운, 사랑하는 사람에게서 온다, 이보다 무서운 이야기가 어디 있습니까. 그러면서도 현실적으로는 아무렇지도 않은 것처럼 다정하게 생활하니 더 무서운 거고요. 그런 무의식 속의 어머니에 대한 적대감이 '엄마 괴담'으로 나타났다는 해석입니다.

아이들이 느끼는 공부 스트레스는 사실 이 사회가 우리 전체에게 주는 압박이죠. 부모도 그것에 고통받는 피해자이고요. 사회가 주는 압박이 무섭다, 학벌 없으면 취업도 못 하고 낙오된다, 내 아이가 그렇게 살면 어쩌지, 내 아이가 나만큼도 못 살면 어쩌지, 열심히 공부하게 해서 살아남게 해야 한다, 이것이 아이를 위하는 길이다, 이런 강박을 가지고 있어요. 문제는 그런 스트레스를 엄마도 받지만 그 모든 하중을 가장 예민하게, 무겁게, 온몸으로 받아야 하는 것은 바로 우리 아이들이라는 것입니다.

그런데요, 우리 부모들도 '우리가 이렇게 힘겹게 살아야 하고 아이들을 몰아붙이게 된 것이 근본적으로 사회적인 문제이지 나의 잘못이나 아이의 게으름 때문이 아니'라는 생각에까지, 그 통찰에까지 미치는 게 쉬운 일이 아니잖아요? 하물며 아이들이 '그래, 이건 사회 구조적인 문제야. 엄마도 집단적 불안감의 희생양일 뿐이지' 이렇게 분석하고 이해하나요? 그러니까 아이들 입장에서는 부모를 '나를 사랑해 주고 믿어 주는 사람, 돌봐 주는 사람, 내가 위기에 처하면 언제라도 달려와 줄 사람, 늘 나를 믿어 주고 기다려 주는 사람, 죽을 때까지 영원한 나의 편'인 사람이 아니라 '나를 게으르다고 하는 사람, 한심하게 여기는 사람, 친구를 멀리하라고 하는 사람, 공부만 하라고 하는 사람, 휴대폰과 컴퓨터, 친구 등 내가 가장 좋아하는 것들을 가장 싫어하는 사람, 맨날 잔소리만 하는 사람, 공부밖에 모르는 사람'으로 여기는 겁니다.

그런 미움이 패드립, 여성혐오, 남성 역차별에 대한 울분, 이런 것으로 나타나는 건 아닌가 싶네요. 적어도 아이들이 받는 스트레스가 '만땅'이 되고 누구에게라도 그 스트레스를 풀고 싶은데 그 공격의 대상을 친구로, 친구의 엄마로 삼는 건지도 모르겠고요. 누군가 그러데요. 패드립이 아무리 기승을 부려도 '느그 아빠'를 욕하거나 성적으로 모욕하진 않는다고…. 아이들에게 엄마는 내 엄마든 네 엄마든 '밉고 만만한' 사람인 겁니다.

가족 관계도 그리기

　　여러분의 부모 상처를 들여다보는 활동을 하겠습니다. 부모로서의 태도를 살펴보기 위해 나의 부모와의 관계, 가족의 관계를 살펴보고, 내 안의 상처도 들여다볼 것입니다.

　　가로로 긴 종이에 동그라미 가족 관계도를 그려 볼게요. 남자는 네모, 여자는 동그라미로 표현할 겁니다. 가운데에 동그라미를 하나 그리고 그 안에 '나'라고 적어 주세요. 여러분 가족을 도형으로 나타내는데, 가까운 사람은 가깝게 그리고요, 나에게 미치는 영향은 도형의 크기로 나타내 주세요. 친구나 친지 중에서 같이 살거나 영향력 있는 사람을 그리셔도 돼요.
　　여기서 중요한 점, 여러분 부모님을 꼭 그려 주세요. 돌아가셨다고요? 그래도 그려 주세요. 도형을 다 그렸으면 그 안이나 옆에 그 사람의 호칭, 나와의 관계, 나의 감정 등을 메모하세요.

　　자, 이제는 같은 탁자에 앉은 분들과 이 관계도를 서로 보여 주면서 가족 중 가장 관계 맺기가 힘든 사람에 대해 돌아가면서 이야기해 볼게요. 특히 여러분의 부모님과의 관계에 대해 꼭 이야기해 주시기 바랍니다.

나의 가족 관계도 그리기

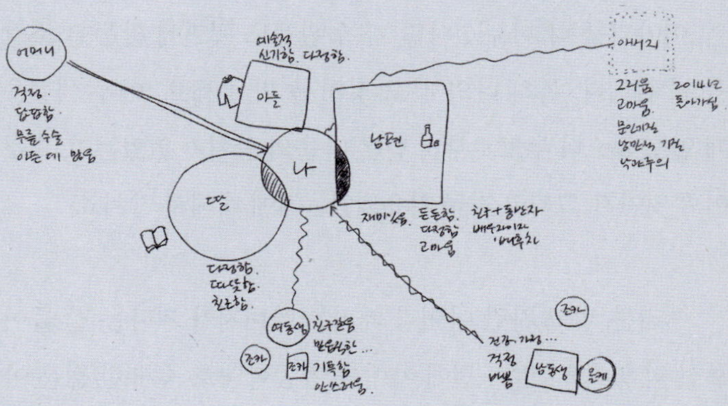

나의 가족 관계도

나의 '부모 상처' 써 보기

이야기를 다 나누셨다면 가족 관계도 뒷면에 활동한 소감을 써 봅시다. 특히 나의 '부모 상처'를 써 주세요. 아주 어렸을 때 일도 좋으니 부모로부터 받은 마음의 상처가 있었는지, 그것이 무엇인지, 그리고 지금 치유되었는지에 대해서 말이죠.

여러분, 맞고 자란 아이가 때리는 아버지가 된다는 말 들어보신 적 있지요? 얼마 전에 아이를 아동학대로 죽게 한 젊은 아빠 기사가 난 적 있었죠. 그 사람이 기껏 한다는 소리가 "나도 아버지한테 맞고 컸다"였답니다.

저는 이 말에 동의하지 않습니다. 그 폭력의 대물림을 과감히 끊은 훌륭한 아버지가 더 많다고 생각합니다.

하지만 저 말에는 그만큼 자녀가 부모의 안 좋은 모습을 보고 자라면 영향을 받을 수 있다는 경고의 의미가 담겨 있기도 해요. 여러분도 어렸을 때 엄마의 저런 모습 정말 싫다, 난 저런 엄마는 안 될 거야, 엄마처럼 살지 않을 거야, 했던 기억이 있을 텐데, 나이가 들어 가면서 나도 모르게 아주 싫어했던 엄마의 행동을 따라 하고 있는 자신의 모습을 발견하시죠? 물론 그 반대인 경우도 있어요.

제가 아는 어떤 남자는, 아버지가 굉장히 권위주의적이고 억압적으로 교육한 분이었는데 자라면서 마음속으로 수도 없이 난 저런 아버지가 안 될 테다, 결심했대요. 아이들에게 친구 같은 아빠가 되어야지, 라고. 아버지를 반면교사로 삼은 거지요. 그런데 이 경우도 반드시 좋기만 한 게 아닐 수도 있어요. 자녀에게 절대 엄격하지 않으려다 보니 그게 지나쳐서 오히려 약간 방임적인 아버지가 됩니다. 그대로 따라 닮든 반대로 영향을 받든 부모의 영향은 크다는 것이고요, 여러분 안에 잘못된 양육 태도가 있는지 보려면 여러분 부모님에게 어떤 영향을 받았는지도 살펴볼 필요가 있습니다.

이번에는 여러분의 양육 유형을 돌아보겠습니다.

이 활동지를 통해 여러분뿐 아니라 배우자인 남편의 양육 태도도 점검하시게 됩니다. 또, 아까 가족 관계도 그릴 때 해 본 여러분의 부모님, 이분들은 어떤 양육 태도를 지니셨는지도 체크하고요, 그것이 여러분에게 미친 영향을 헤아려 봅시다.

나는 어떤 부모인가

*이 점검표는 선안남의 《명륜동 행복한 상담실》을 참조해 만들었습니다.

나는 어떤 부모인가	나의 양육 유형 (V)	나의 변명	배우자의 양육 유형 (V)	그의 변명	내 부모의 양육 유형 (V)	내 부모의 변명
나르시시스트						
학대자						
부부 갈등형						
경직된 부모						
방치자						
감정형						
무일관성						
하인						
매니저						
친구						

나르시시스트 부모

부모님 모두 명문대 나와서 전문 직종에 종사하고 형이나 누나 혹은 동생은 공부를 아주 잘하는데 자기만 못하는 아이. 실제로 그런 학생들이 꽤 있어요. 상상할 수 있겠지만 온 가족의 기대치에 자기만 미치지 못하는 그 객관적 상황만으로도 아이는 힘이 드는데 부모가 '엄마는 어땠다, 아빠는 얼마만큼 공부 잘했다' 하기라도 한다면 어떻겠습니까.

꼭 이런 경우가 아니어도, 부모가 아이에게 '너 잘되라고 이러는 거다' 하면서 높은 학업 성취를 요구하는 가정도 이에 해당합니다. 물론 자신은 아니라고 부인하겠지만 사실은 아이를 위해서가 아니라 부모 욕심을 위해서 아이가 공부 좀 잘해 줬으면 하고 다그치는 경우 참 많습니다.

아들러오스트리아의 심리학자도 비슷한 이야기를 하지요. 유명인의 자녀나 성공한 부모 밑에서 성장한 아이, 혹은 주변의 뛰어난 아이 때문에 상대적으로 주목받지 못하는 아이들은 적대감과 열등감을 느끼고 건강하게 자라는 데 방해를 받을 수 있다는 겁니다.

학대하는 부모

아동복지법에는 물리적 학대뿐 아니라 정서적 학대에 대해서도 이야기하는데요, 언어폭력, 잠 안 재우기, 벌거벗겨 내쫓는 행위, 삭발, 강제 머리 자르기, 차별, 편애, 비교, 가족 내 왕따, 가정폭력을 목격하도록 하는 행위, 시설 등에 버리겠다고 반복적으로 위협하거나 짐을 싸 내보내는 행위, 미성년자 출입금지 업소에 지속해서 데리고 다니는 행위, 돈 벌어 오라고 하거나 나이에 맞지 않는 과도한 일을 시키는 것, 보호자의 종교 강요, 다른 아동을 학대하도록 강요하는 것 등을 다 학대로 봅니다. 제가 이 거 읽어 드리면서 농담 삼아 대한민국 엄마 중에 뜨끔한 분 많겠 다 생각했어요. 우리, 아이들 시험 때 잠 못 자게 하고 그런 적 있 잖아요. 게임만 하고 공부 안 하는 자녀에게 "그럴 거면 나가", 이 런 말도 가끔 하고. 정도 차이는 있지만 그런 부모의 태도가 지 속, 반복되면 넓은 의미에서의 학대일 수 있다는 말씀입니다.

올바른 훈육 태도에 대해 앤서니 스토는 《고독의 위로》에 서 "아이의 요구에 '적대적이지 않으면서 단호하게, 무조건 받 아 주지 않으면서도 다정하게' 반응"하라고 합니다. 훈육과 학 대는 분명 다릅니다.

학대뿐 아니라 방임도 위험합니다. 물리적 방임, 교육적 방 임, 의료적 방임을 다 포함합니다. 학교에서 보면 아이를 안 씻 기고 안 먹이고 안 챙겨 보내는 부모가 가끔 있거든요.

부부 갈등이 많은 부모

아이들 보거나 듣는 데서 배우자를 흉보고 아이를 내 편으 로 끌어들이려 하면 안 됩니다. 그게 결코 아이의 장래에 좋은 영향을 미치지 못해요. 아이가 내성적이면 우유부단한 성격이 되고 착한 아이 콤플렉스를 느끼겠죠. 외향적인 아이라면 자 기 잘못을 부모 탓으로 돌릴 거고요.

이혼의 원인 중에는 양육 태도 갈등도 있대요. 양육 태도의 갈등은 가치관의 갈등이기도 한 거죠. 혹은 거꾸로 부부 사이가 좋지 않으면 그 갈등이 양육 문제에서 터지기도 합니다. 서로 싫어지고 갈등 관계에 놓여 있어 대화조차 나누고 싶지 않을 때도 자녀 이야기를 나누지 않을 수는 없거든요. 그런데 대화를 나누다 보면 다른 문제들과 얽혀서, 말하자면 마치 양육 문제로 다투는 것 같은 양상이 펼쳐지겠지요. 부부간에 다툼이 있을 수는 있는데 문제는 아이들 성장에 영향을 미친다는 것입니다. 싸우는 부부는 아이에게 긴장감을 줄 수밖에 없어요. 행복해야 할 '집'은 불안의 근거지가 됩니다. 부부가 갈등하지 않는 게 아이 양육에 좋겠지만 만약 그럴 수 없다면 적어도 자녀가 보는 앞에서 상대방을 비난하거나 큰소리로 싸움을 하는 모습은 자제할 수 있어야 할 것 같습니다.

경직된 부모

지나치게 원칙적이고 보수적인 부모가 여기 해당합니다. 융통성 없는 부모도 여기 해당합니다.

아들러에 의하면 재판관, 경관, 간수의 가정에서 범죄자가 나온다고 해요. 교사의 자녀가 반항적인 경우도 많고, 많은 비행 청소년들이 목사의 아이들이라고도 합니다. 물론 아들러의 시대와 지금은 다르고 아들러 심리학에도 한계가 있으므로 이 말을 글자 그대로 받아들일 필요는 없어요. 지나치게 경직된 원칙은 아이들의 불안과 적개심을 일으킬 수 있다고 해석할 수 있습니다. 야뇨증의 원인이 지나치게 엄격한 배뇨 훈련에서 비롯되는 경우가 있고 병적인 결벽증 역시 부모가 배변 훈련을 혹독하게 해서 그럴 수 있다 합니다. 아들러는 "야뇨증은 나는 엄마가 생각한 만큼 성장하지 않았다, 보살핌을 더 받고 싶다는 표현이다"라고 말합니다. 부모의 경직성이 자녀에 대한 억압적 행동으로 분출되는 경우가 많겠지요.

방치하는 부모

공지영의 소설 《우리들의 행복한 시간》을 예로 들고 싶네요. 주인공 '유정'은 어렸을 때 친척 집에 갔다가 성폭행을 당한 상처가 있어요. 그걸 돌아와서 엄마한테 말하죠. 그때 엄마가 어떻게 반응했을까요.

성폭력 피해를 그나마 치유해 줄 수 있는 게 두 가지라고 합니다. 하나는 가해자의 진심 어린 사죄. 그리고 무엇보다 사고가 났을 때 주변 사람들, 특히 가족의 전폭적인 위로. 가족이, 특히 엄마가, "그건 네 잘못이 아니다", "이건 그냥 사고다", "지나가다 못된 놈한테 맞은 거다. 그놈이 잘못한 거다"라고 말해

줘야 하고 전적으로 가족은 네 편이라는 것을 느끼게 해 줘야
한답니다. 그런데 대부분의 부모는 속상한 나머지 "그러게 엄
마가 뭐랬어, 밤늦게 다니지 말랬지?", "네가 행실을 똑바로 했
어야지"라고 한답니다.

소설 속 엄마는 딸에게 어떻게 반응했는지 아세요? 엄마는
아예 귀를 닫아요. 딸아이가 자기 이야기를 들어달라고 하자
냉담하게 돌아섭니다. 아마 그 엄마도 충격이었을 터이고 아팠
겠죠. 그런데 이건 이기적으로 회피하는 거예요. 엄마가 자기
상처만 들여다보는 거죠. 사람마다 어려운 일을 만났을 때 반
응은 다 다르죠. 맞서 싸우는 사람, 자기 탓을 하는 사람, 남 탓
을 하는 사람, 외면하고 회피하는 사람…. 그런데 회피는 절대
답이 되지 않아요. 이건 성폭력 사건뿐 아니라 학교에서 일어나
는 왕따나 학교 폭력에서도 마찬가지거든요.

감정적인 부모

우리 대다수가 여기에 해당하겠다는 생각이 듭니다. 아까
경직된 부모가 되지 말자는 이야기를 했는데, 융통성 없는 원
칙이 위험하다는 이야기이지만 그렇다고 중심도 잡지 않고 이
랬다저랬다 해도 좋다는 의미는 아니겠지요? 아이들에게 무언

가 '하지 말라'라고 할 때 그들이 납득할 수 있는 기준과 일관성이 있어야 합니다. 그런데 '그때그때 달라요' 한다면 자녀들이 부모의 훈육에 믿음을 갖지 못하겠지요. 특히나 그것이 부모의 이기적인 성격이나 미숙함에서 비롯된다면 더더욱. '엄마는 자기 기분 나쁘면 별거 아닌 것에도 화내고 기분 좋을 땐 잘못한 일도 그냥 넘어간다', '아빠는 언제 어떻게 화를 낼지 몰라서 불안하다'라고 아이가 생각한다면 부모의 훈육이 먹히지도 않을 것이고 아이의 잘못된 행동을 바로잡을 수 없을 것입니다. 부모와의 좋은 관계도 유지할 수 없겠지요.

어떤 분이 밥하는 게 지겹다고, 밥을 하지 않겠다고 선언했답니다. 그 말을 듣고 아들이 감사하다, 그랬대요. 왜냐고요? '이제부터는 밥 먹을 때마다 이런저런 엄마의 불평을 듣지 않겠구나' 라고 생각했기 때문이죠. 그 외에도 어머니는 혹시 매니저처럼 아이를 '관리'하는 사람은 아닌지, 자녀가 원하는 것이라면 뭐든지 해다 바치는 '하인'은 아닌지도 돌아봅시다. '친구 같은 아빠가 되고 싶다'는 분들도 계신데 만약 스스로 그렇게 생각하신다면 어디까지 '친구'일 수 있는지도 살펴보고요.

자, 이제는 뒷면에 나의 양육 유형을 돌아본 소감을 적어 봅시다. 그리고 오늘 집에 가시면 나와 배우자의 양육 태도는 어떻게 다른가에 대해 꼭 이야기 나누어 보시도록 권합니다.

완전한 부모는 없다

누구나 완전한 부모일 수는 없습니다. 처음부터 준비가 되어 부모가 되는 사람도 거의 없고요. 결혼이나 양육이 내가 원하지 않았던 일, 혹은 지금 내게 부담스러운 일일 수도 있어요. 하지만 적어도 결혼이나 출산은 내가 선택한 일인 데 반해, 아이들 처지에서는 그들이 원하지도 않았는데 나로 인해 세상에 태어났을 것이며, 태어나 보니 지금과 같은 부모를 만났을 것입니다. 그 일에 대해서는 내가 부모로서 책임감을 느껴야 합니다. 물론 그 모든 부담을 엄마가 져야 한다는 것에는 반대합니다. 최근에 낙태에 관한 논쟁에서 한 칼럼니스트가 원치 않는 임신을 했을 때의 낙태에 대한 고민과 죄책감, 출산 후 육아의 부담 그 모든 고통의 중심에 여자가 있을 때, 함께 아이를 만들었던 남자들은 어디에 있느냐고 묻는 글을 읽었습니다. 한 아이의 부모가 된다는 일의 막중함은 당연히 어머니와 아버지가 함께 나누어야 하지요. 양육도 마찬가지이고요.

완벽한 부모일 수는 없지만 그렇게 되려고 노력하고 소통하고 성장하는 부모는 되어야 합니다. 부모 된 자는 적어도 자신을 더 나은 사람으로 성숙시키기 위한 자기 연찬, 자기 교육을 게을리하지 말아야 할 것입니다.

나는 어떤 부모로 기억될까

한번 돌아봅시다, 여러분의 부모에 대하여. 연민과 애정을 다 빼고, 객관적으로 내 부모가 이런 부모였다면 얼마나 좋았을까, 하는 바람은 없었나요? 이런 부모를 만났더라면 내가 달리 성장하고 다른 인생을 살 수 있었을 텐데 하는 원망은 없었나요? 지금 우리 아이도 내게 그런 바람과 원망을 가질 수 있어요. 내 의지로 어쩔 수 없는 거대한 조건들은 있겠죠. 경제 사정이나 나의 학력이나 직업 같은 것. 그 부분은 아이들도 크면서 이해할 겁니다. 하지만 부모의 인성이나 자녀를 대하는 태도, 양육 태도의 일관성, 인간다움 같은 것은 온전히 부모인 내 노력으로 채워야 할 부분이겠죠.

내가 늙어 가고 자녀가 자라 성인이 되면 부모-자식이 서로 인간적으로 느껴지는 지점이 옵니다. 지금 여러분이 늙은 어머니와 친구처럼 같이 늙어 가고 있다고 느껴지기도 하는 것처럼요. 부모가 늙어 자식에게 봉양을 받아야 하면서 권력관계가 뒤바뀌는 일, 그리 먼 미래도 아닙니다. 그렇게 세월의 변화 속에서 부모이기 때문이 아니라 한 인간으로서도 자식에게 '내가 좋아하는 사람'이라고 인정받을 수 있는, 그런 부모가 될 자신이 있는지 스스로 물어봅시다.

당신의 아들은 당신을 엄마가 아니어도 참 좋은 사람, 열심히 사는 사람, 멋진 사람이라고 불러 줄까요? 내가 사는 모습을 보고 존경한다고 말할 수 있는, 닮고 싶은 사람으로 평가할까요? 그에 대해 자신 없어 하면서 "그래도 나는 엄마로서 최선을 다했다. 내가 저희를 위해서 밥하고 빨래하고 얼마나 애를 썼는데"라고 항변한다고 해서 자식들이 부모를 존경하지는 않습니다. 그저 엄마니까 사랑하고 애틋해할 뿐이죠.

다음 시간에는 '사춘기 대화법'을 주제로 이야기합니다. 책 《비폭력 대화》를 읽고 오세요. 과제도 내드릴까요? 종이 한 장에 가족들에게 자주 하는 말들을 죽 적어 와 보세요. 그걸 보면서 우리 아이들과 '예쁘게 대화하는 법'을 함께 고민해 봅시다.

때리는 것만
아동학대라 생각하세요?

몸에 상처가 남아야만 학대일까? 맛있는 밥도,
좋은 옷도 아이가 싫다는데 억지로 먹이고 입히면
사랑이 아니다. 공부도 마찬가지다.

남학생이 상담실에 제 발로 걸어 들어와 상담을 요청하는 경우는 극히 드물다. 지난해 봄 한 아이가 상담실에 '뛰어'들어 왔다. 아이는 화가 나서 씩씩거리며 자기를 도와달라고 했다. 엄마가 너무 힘들게 한다면서 말이다. 아이는 엄마에게 사랑과 돌봄 대신에 구박과 폭력을 당하고 있었다. 물론 그 아이 엄마와 상담한 결과로 보면 단순한 문제가 아니었다. 부부간 불화와 경제적 문제, 종교 문제가 얽혀서 아이에게 모든 스트레스가 집약된 경우였다. 그 아이와 상담을 시작한 지 한참 뒤이긴 하지만 아동학대 신고 의무가 특례법으로 시행되었다. 상담을 통해 아이와 부모의 관계가 많이 개선되어서 다행이지만 한동안은 신고를 해야 하는 상황이라도 생길까 봐 전전긍긍했다.

가만히 생각해 보면 자기 일 보러 다닌다고 밥을 잘 안 챙겨 주는 엄마, 말 안 듣는다고 아이를 때리는 아빠만 아동을 학대하는 것일까? 상담하면서 자주 생각하는 문제가 '아이들의 상처는 어디에서 오는 걸까?' 하는 것이다. 때로는 모진 상황에 처해도 굳건하게 자기를 잘 지키는 아이가 있는가 하면 겉으로 보기에 부족할 것 없는 가정에서도 부모가 깨닫지 못하는 사이 많은 상처를 받는 아이도 있으니 말이다.

몸에 남기는 상처만 아동학대는 아니다. 지속적인 정신적 구박과 무관심도 무시무시한 학대다. 그리고 아이가 감당할 수 없을 만큼 많은 공부를 시키고, 과제를 수행하지 못한다고 자유를 억압하는 일 역시 학대가 아닐까? 초등학교 4학년생에게 일주일에 사교육 14개를 받게 한 엄마 이야기를 들었다. 그렇게까지 많이는 아니어도 어지간한 집 아이들은 3~4개 이상씩 사교육을 받는다. 지난해 우리 반 한 아이는 '모둠 일기'에 일요일 오전 9시부터 밤 10시까지 학원에서 내내 생활해야 했던 이야기를 써냈다. 많은 아이들이 시험 전후만 되면 학원 특강을 듣고 오면서 몸살을 앓는다. 학교 축제에서 노래 부를 멋진 기회를 '학원 빠지면 안 된다'고 포기해야 했던 또 다른 아이 이야기를 듣는 순간에는 그 어머니께 전화해서 따지고 싶은 걸 꾹 참았다.

많은 엄마들은 홀로 아이를 안고 헤쳐나가야 한다는 불안감에 시달린다. 이건 거의 공포 수준이다. 불안은 엄마와 아이 사이의 가장 고결하고 굳건한 사랑과 믿음의 관계까지 파괴한다. 아무리 부모들의 처지를 이해한다 해도 이건 아니다. 아이들이 받는 정신적인 피폐함을 오직 '너 잘되라고' 하는 변명으로 일관하는 이 시대의 아빠들, 수면 시간을 줄여야 한다고 아이들을 채근하는 엄마들, 아프다는 아이의 호소를 꾀병으로 치부해 버리고는 스스로 좀 더 엄격해져야겠다고 다짐하는 부모들, 그들 역시 아동학대죄를 저지르고 있다고 생각한다.

설득하는 과정을 거치면 덜 상처받는 아이들

아무리 맛있는 밥도 좋은 옷도, 아이가 싫다는데 억지로 먹이고 입히면 그건 사랑이 아니다. 공부도 마찬가지다. 고작 몇 년 전만 해도 자기 아이를 때리는 아버지에게 왜 아이를 멍이 들도록 때렸느냐고 물으면 버릇 고치려 그랬다고, 아이 잘되라고 그랬다고 했다. 그런 말에 고개를 주억거리던 시절은 이제 지났다. 어쩌면 머지않은 미래에 부모라는 이름으로 아이들을 하루 12시간 이상씩 학원이며 과외며 자율학습으로, 독서실로 몰아넣었던 요즘 이야기를 야만으로 기억하게 될지도 모른다. 부모 혼자서 아이를 키우느라 쩔쩔매지 않아도 되게끔 동네 어른들이며 사회가 함께 도와줄 것이라는 믿음이 사라져 버린 이 시대는 슬프기 짝이 없지만 그렇다고 부모마저 앞장서서 세상의 소용돌이에 아이들을 몰아넣어서야 되겠는가.

힘이 들어도 대화하고 의논하고, 아이가 받아들일 수 있도록 설득하는 과정을 거치면 아이들은 덜 상처받는다. 아이들은 의연한데 엄마들은 거꾸로다. "애들이 왜 열심히 공부할 의지를 갖지 않죠? 정말 속상해요." 그 의지는 주입하거나 강요한다고 생기는 것은 아닌데도 엄마들은 아이의 미성숙을 탓한다. 그 과정에서 받는 상처는 어떻게 극복하려고 그러는 걸까. 이른바 명문 대학을 가면 아이들이 '그래도 그때 엄마가 날 억지로 학원을 보내 주셔서 결과적으로 잘됐어. 엄마께 감사해'라고 생각할 것 같은가? 절대 그렇지 않다. 문제는 청소년기 자녀를 둔 부모에게는 이 냉정한 발언이 결코 와닿지 않는다는 것이지만 말이다. 불안은 부모들의 이성마저 잠식한다.

●

《시사인》 제401호(2015년 5월 28일)

사춘기 대화법

8강   사춘기 대화법

비폭력 대화, 엄마의 말 공부책

아이를 이해하는 능력이 없는 사람은
누구든지 어른도 이해할 수가 없다.
만약 우리가 사랑을 하고 있다면 우리 자신은
매우 뛰어나지 않으면 안 된다.

- 아들러

오늘은 사춘기 자녀와 대화하는 법을 공부해 보겠습니다. 마셜 B. 로젠버그는 《비폭력 대화》에서 "비판적 어휘를 사용하는 빈도가 높은 사회에서 폭력 사건도 비례해서 많다"라고 말합니다. 선악이 분명한 사회, 즉 선악을 분명히 따지는 사회에서 오히려 폭력이 더 많다고 합니다. 가정도 그렇지 않을까요? 물론 저질러서는 안 될 잘못에 대해 부모나 교사는 엄격해야 할 때가 있습니다. 그러나 그것이 최소화될 때 가장 좋은 교사, 가장 좋은 부모가 될 수 있지 않을까 생각해 봅니다.

간혹 부모님 중에 쌀쌀맞고 무섭게 말하는 것을 엄격함이라고 착각하는 분들이 있어요. 소리 지르고 화내고, 심지어 짜증 내는 것을 두고 스스로 "제가 아이들한테 좀 엄격해요" 하는 분이 있습니다. 그런데 진짜 엄격한 모습은 그런 게 아닙니다. 평소 최대한 다정하게 소통하되, 정말 잘못했을 때 일관되게 엄격함을 적용해야 하겠지요. 물론 말처럼 쉽지는 않습니다만.

짜증 내지 않고 이성적으로 대화하기

이제 아이들과 짜증 내지 않고 이성적으로 대화하는 방법에 대해 이야기를 나누어 볼 거예요.

부끄러운 고백을 할게요. 어느 날 남편이 제게 '말이 거칠다'고 한 적이 있어요. 어조도 내용도 그렇다고 지적을 합니다. 그 말이 일단 듣기 싫었는데요, 기분은 나빴지만 상대방이 그렇게 느꼈다면 분명 내가 모르는 문제가 있겠다 싶었어요. 그래서 일기장에 한번 쭉 써 봤어요. 남편에게 제가 평소에 하던 말들을. 그리고 아들과 딸, 학생들에게, 나의 어머니에게, 동료에게 하는 말들을요. 나 자신이 평소에 하는 말이나 말투, 행동을 본인이 모르겠냐고요? 솔직히 본인은 자신의 행동이 어떤지 잘 모르거든요. 누구나 자기는 최선을 다해 조심해서 말하고 행동한다고 생각하겠죠. 저도 제가 한 말들을 죽 적어 보고는 좀 충격을 받았어요. 내가 이런 말들을 이렇게 함부로 하는구나. 이런 걸 너무 아무렇지도 않게 내뱉고 살았구나 하고요.

그래서 어떻게 했느냐, 제가 쓴 일기를 보여 주고 미안하다고 했어요. 앞으로 또 이렇게 까칠하게 말하면 지적해달라고요. 그래서 이제는 안 그러느냐고요? 그게 쉽게 고쳐지진 않더라고요. 그래도 자꾸 되새기고 돌아보면 점점 덜 하겠지요?

자, 우리 어머니들도 활동지에 한번 써 볼까요? 저처럼 가족이나 가까운 사람들에게 최근에 한 말, 자주 하는 말들을 열 가지 이상 적어 봅시다. 이 활동을 한 소감도 같이 적어 보세요.

활동1. 내가 요즘 가족과 아이들에게 자주 하는 말 써 보기

- 남편에게 자주 하는 말

- 아이들에게 자주 하는 말

- 부모나 다른 가족에게 자주 하는 말

- 직장 동료나 이웃에게 자주 하는 말

- 써 본 소감

나는 왜 자꾸 까칠하게 말할까

우리는 왜 자꾸 가까운 사람, 사랑하는 자녀들에게 까칠하게 말할까요? 아마도 기대치가 높아서 그럴 거예요. 정말 잘 살아 주었으면 싶은 사람들이잖아요. 저는 학교에서 아이들과 욕설, 비속어에 대해 수업할 때 이렇게 말해요.

"욕을 왜 하는지 생각해 봅시다. 상대방 '멘탈'에 상처 주려고요, 상처 주어서 이기려고 욕을 하는 거겠지요? 그런데 여러분은 왜 사랑하는 친구들과 대화할 때 욕을 하지요?

욕을 전혀 안 하고 살기엔 세상이 참 험악하고 나쁘네요. 정말 욕을 먹어야 할 사람이 세상에 많은 것도 사실이죠. 욕은요, 정말 나쁜 놈한테 해야 해요. 여러분처럼 그렇게 친한 친구에게 하는 욕은 욕의 적절한 쓰임이 아니죠. 욕의 신공과 내공을 모아 이 세상을 함부로 하려 드는 이들에게나 강력한 욕설을 남깁시다. 그럴 때 욕은 힘이 세요, 약자에게 돌리는 욕은 나의 비겁함의 증거일 뿐입니다."

어머니들, 자녀들을 세상 누구보다 사랑하실 겁니다. 그렇게 사랑하는 아이들에게 우리는 왜 함부로 말하는가에 대해 생각해 볼 필요가 있어요. 일단 말하는 이가 마음에 불만이 가득하고 상처가 있으면 다른 이에게 곱게 말하기는 쉽지 않아요. 우리가 거친 말을 하는 이면에 내 안에 어떤 상처가 있는지부터 살펴보겠습니다.

활동2. 나에게 말 걸기

먼저 '나의 상황 돌아보기'를 해 봅시다. 지금 나의 상태를 한 문장으로 나타내고 (예. 요즘 나는 아들의 짜증 때문에 걱정이 많다.) 나에게 위로와 격려의 말을 걸어 볼게요. (예. ○○(내 이름)아, 요즘 사춘기 맞은 아들 녀석에, 친정어머니 병환 때문에 스트레스 많이 받고 힘들지? 거울을 보면 자꾸 늙는 것 같고…. 하지만 힘내, 넌 아직 예뻐. 그리고 최선을 다하는 좋은 엄마잖아. 그러니까 힘내. 사랑해~.)

이번엔 나의 대화를 돌아볼까요? 내가 대화할 때 무엇을 힘들어하는지를 말이죠.

- 남편에게 말하기 힘든 문제는 무엇인가?

- 자식들과의 대화에서 어떤 부분이 제일 불편한가?

- 친정 부모나 시집 식구와 대화할 때 제일 싫은 점이 무엇인가?

- 어려움 없이 대화할 수 있는 상대는 누구이며 그 이유는 무엇인가?

아마도 우리는 엄마로, 주부로, 혹은 직장인으로 살아가는 이 삶이 아주 힘들 거예요. 이렇게 힘이 들어도 '나'를 위로해 주고 내 말을 들어 주는 이는 많지 않을 거예요. 나의 힘듦은 결국 거친 말로 나오죠. 때로는 내가 무엇을 힘들어하고 어디가 아픈지 스스로 돌아보아야 해요. 그리고 남편에게, 자식에게 내가 요즘 이런 일이 힘드니까 이해해 줘, 오늘은 내가 많이 힘들었으니까 엄마 좀 안아 줘, 내 이야기 좀 들어 줘, 하면서 마음을 드러내 보일 필요도 있어요. 스스로 그렇게 치유해 가는 노력을 하지 않으면 안에 고인 울분과 외로움과 고통은 가장 가까운 사람, 가장 약한 사람, 가장 만만한 사람에게 화살이 되어 돌아갈 수 있어요. 그리고 우리는 문 닫고 후회하잖아요? 직장에서 스트레스 받았는데 아이보고 방 안 치웠다고 화낸 자신의 치졸한 모습에 대해. 아니, 후회라도 하면 괜찮게요? 많은 어머니가 아이한테 왜 짜증 냈는지도 잘 몰라요. 남편 때문에 화가 난 건데 마치 아이가 숙제 안 해서 화가 난 것처럼 자기 마음을 속이거든요.

어른들이 하는 잘못된 말들

'요즘 내 영혼에 무슨 상처가 난 건지 잘 모르겠다' 싶으면 주변의 지혜로운 '상담자'를 찾아서 마음을 털어놓으세요. 그리고 자기반성도 잘하셔야 해요. 변명하지 말고요. 아이에게 화를 냈다, 이런 말을 내뱉었다, 내가 나빴다, 앞으로 그러지 말아야지, 이런 다짐도 필요해요. 배우자와 사이가 좋다면 아이에게 잘못된 대화를 했을 때의 반성을 남편 앞에서 말로 표현해 보는 것도 좋아요. 물론 아이에게 사과하거나 화해를 시도하는 용기도 내셔야 하고요.

우리 어른들이 어린 자녀에게 하는 잘못된 언사들을 한번 돌아볼까요?

평가와 단정 "네가 늘 그렇지, 뭐…"

엄마들이 많이 하는 말 중에 "네가 늘 그렇지", "또 그랬지?" 하는 말들 있죠. 아이가 더 이야기할 수 있는 여지를 차단해 버리는 평가와 단정의 언사죠.

아이가 "엄마, 오늘 학교에서 친구가~" 이렇게 학교에서 있었던 이야기를 해요. 아이가 그 이야기를 왜 꺼냈을까요? 자기가 잘했는지, 잘못했는지 몰라서 판결을 내려달라는 걸까요? 아니요, 자기편을 들어달라는 신호를 보내는 거예요. 그런데 다 듣고 나서 엄마가 "네가 잘못했네. 그러니까 왜 그랬어" 이렇게 말하면, 아이는 그 다음에 학교에서 상처받은 일이 있을 때 엄마한테 그 얘기 하고 싶을까요? 당연히 싫겠죠?

물론, 아이가 명백히 잘못했거나 잘못된 가치관을 따르고 있다거나 가령 친구에게 잘못한 게 명백한 데도 남 탓만 한다거나 이러면 그걸 오냐오냐하고 덮어 주면 안 되지요.

하지만 지적은 뒤로 미루고 일단,

"아이고, 그런 일이 있어서 너 많이 힘들었겠다, 혼란스러웠겠네, 마음이 지금도 무겁지?"

이렇게 이해의 말을 먼저 해 주자는 거죠. 그러고 난 다음에 아이 생각을 물어봅시다.

"그 일에 대해 네 생각은 어때? 어쩌다 그런 일이 생긴 것 같아? 네 의도는 그게 아니었을 텐데 네가 친구를 모함한 것처럼 돼 버렸다는 거구나…."

이렇게 아이 생각을 묻다 보면 대개 아이들은 처음에는 변명하다가도 점점 자신의 잘못 혹은 실수한 지점들을 찾아내죠. 스스로 찾아내게 하는 게 참 중요한 것 같아요. 그런데 만약 그걸 찾아내거나 깨닫지 못하고 계속 친구 탓을 하거나 모함을 하거나 변명만 한다면 그땐 바로잡아 주셔야겠죠.

"엄마 생각엔 말이야…", "입장을 바꿔 놓고 생각해 보면…", "엄마가 그 친구 편을 드는 것은 아니지만 엄마가 그 친구 입장이라면…", "어쩌면 객관적인 입장에서 이 사건을 본다면…" 하고 다른 각도에서 생각할 시간을 또 주어야 하고요. 그리고 필요하면 정직함이라든가, 비겁하지 않은 솔직함이라든가, 이런 올바른 가치에 대한 이야기를 들려 주고 훈육을 할 필요도 있어요.

그리고 반드시 이야기의 마무리에는 다시 한 번 상처받은 아이 마음을 어루만져 주세요.

"오늘 우리 딸 맘고생 심했지? 그래도 많은 생각을 했으니까 마음도 많이 자랄 거야. 스스로 생각하려 애써서 기특해. 엄마한테 말해 줘서 고맙고."

비교 "동생은 안 그러잖니"

초등학생들한테 엄마가 제일 싫을 때가 언제냐 물었더니 '남과 비교할 때'라고 답한 아이들이 많았다고 해요. 우리 이런 거 많이 하죠.

"동생은 안 그러잖니."

"그래서, 네 친구는 어떻게 했는데?"

"네 친구 상균이는 이번 시험 잘 봤대?"

"사촌 형은 이번에도 학원 시험에서 1등 해서 학원비 감면 받았다더라."

어떤 어머니가 그러시더라고요. 그렇게 비교를 하면 좀 자극이 돼서 열심히 공부하지 않겠냐고요. 아니요, 절대로 자극 받지 않습니다. 자존심에 상처를 입어서 더 열심히 안 해요. 오히려, "에라 난 이것밖에 안 돼" 하고 자포자기하거나 나름대로 열심히 했다고 생각했는데도 비교를 당하면 "하면 뭘 해? 아무리 노력해도 늘 형보다는 못하다 할 건데. 차라리 안 하고 말지" 이러죠. 인간의 행동을 변화시키려면 마음을 설득해야 해요. 본인이 이해하고 받아들일 수 없는 지적은 결코 그 사람을 달라지게 만들지 못합니다. 짓밟힌 자존감은 평생 가는 덤, 부담, 상처이고요.

단정 짓기 "너 또 게임 하지?"

거실에 있다가 제 방에 들어간 아이 방문을 열고 엄마가 이렇게 말합니다.

"또 전화질이냐?"

"맨날 게임만 하지?"

게임 하고 않고 공부하고 있었다, 통화 안 하고 독서하고 있었다, 그러면 어떠실 것 같아요?

"또 전화질!" 하고 빽 소리 지르면서 문을 열었는데 아이가 열심히 숙제하고 있으면 엄청 무안하겠죠? 그럴 때 우리 엄마들,

"어머, 미안, 숙제하고 있었네, 우리 아들?"

이러지 못하고 꼭 그럽니다.

"어머, 별일이네, 네가 웬일로 숙제를 다 하니?"

에이, 그러지 마세요. 아이보고만 예쁘게 말하라고 하지 마시고 엄마도 예쁘게 말하자고요.

설사 정말 100에 99 아이는 게임을 하고 있을 것이라 하더라도 아들에게 전화 걸었을 땐,

"아들, 지금 뭐 해?"

이렇게 물어보세요.

"뭘 하겠어, 내가? 뻔하지. 게임 해, 얼른 끊어."

이렇게 퉁명스럽게 말하더라도 엄마는

"네가 맨날 게임만 하는 사람은 아니잖아. 엄마 20분 후면

집에 도착해.”

이렇게 말해 주세요. 아, 외출했다 집에 가실 때는 미리미리 문자나 통화로 도착 시간 알려주시는 게 좋은 거 아시죠? 만약 예상치 못한 시간에 엄마가 일찍 도착했다, 그런데 그때 아이가 몰래 게임을 하거나 야동을 보고 있었다, 졸지에 엄마가 현장을 덮쳤다…. 언제 한 번 증거를 잡아서 혼을 내 줘야 할 필요가 있었기에 오늘만을 기다렸던 게 아니라면 서로 곤란한 그런 장면을 연출할 필요는 없어요. 반드시 야단쳐야만 하는 상황, 혹은 야단도 칠 수 없는 그런 '뻘쭘 지경'을 연출해서 이러지도 저러지도 못하는 것보다는 아이가 상황을 수습하고 엄마도 품위를 지킬 수 있게 말이죠.

훈계 "그러니까 열심히 살아야 하는 거야"

훈계나 훈육은 꼭 필요하다고 생각합니다. 다만 진정성 없고 설득력 없는 훈계나 훈육은 반발만 사기 때문에 여기에도 고도의 전략과 지혜가 필요하다고 봐요. 박완서 소설 중 〈자전거 도둑〉이라는 단편이 있어요. 중1 교과서에 자주 실리죠. 수남이는 순수한 아인데 졸지에 양심의 갈등을 느껴야 하는 사건에 휘말려요. 이 아이를 점원으로 고용한 주인 영감은 돈만 밝혀서 아이가 자전거 도둑 비슷하게 되어 버린 상황인데도 오히려 손해 안 났다고 아이를 칭찬합니다. 그때 수남이는 자기를

     교사와 부모 사이

호되게 야단쳐 줄 어른을 그리워해요.

아이들이 '어, 이건 혼날 짓인데' 하고 감추고 싶은 일을 저질 렀을 때 어른들이 그냥 넘어가 버리면 다음에 또 그래도 되는 줄 알겠죠? 학교에서 친구를 때리고 남의 물건을 훔치고 패드립을 하고 빌린 물건 안 갖다주고, 이런 야비한 행동을 하는 아이들하고 이야기를 나눠 보면 자기 잘못에 대한 양심적 반성이 없어요. 어렸을 때부터 해온 그런 행동에 대해 훈계도, 훈육도 제대로 받지 못했거나 반성할 기회를 얻지 못한 경우가 많기 때문이죠.

아이들을 앉혀 놓고 생각하게 하고, 야단도 치고, 이야기도 듣고, 왜 그런 행동을 하면 안 되는지 들려주는 시간은 꼭 필요합니다. 훈육할 때에는 마음을 울리게끔 진정성을 담아서 해 주세요. 구체적인 이야기를 들려주세요. "그렇게 살면 안 돼!"라고만 말하면 "왜요?"라고 묻고 싶어지잖아요.

변명 "아이고, 엄마가 바빠서 그래"

다음 날 아이가 학교에 입고 가야 할 교복을 찾아요. 어머, 어쩌죠? 여태 안 빨아 두었네요. 아이가 짜증을 내는데 처음엔 미안했다가 짜증 내는 아이를 보니까 나도 짜증이 납니다.

"엄마가 회사 갔다 와서 얼마나 바쁘니? 앞으로 교복은 네가 좀 챙겨."

저 말은 틀린 말이 아닙니다만 늘 엄마가 챙겨 주었다면요? 이럴 때는 깔끔하게 미안하다고 말하고 대처를 하는 게 맞겠죠. 약속한 것은 지키는 게 맞고 사과가 필요할 때에는 사과를 아끼지 마세요. 아이들 역시 변명과 사과를 혼동할 때가 있는데 그럴 때도 "지금은 변명할 때가 아니야, 엄마한테 사과했으면 좋겠어" 하고 요구하고 가르치셔야 해요.

"엄마도 그러면서 뭐!"

이런 대답이나

"엄만 절대 잘못했다고 안 하지? 맨날 나만 잘못했대!"

이런 반응을 접하지 않으려면 말입니다.

확대 해석 "왜 또 동생을 울려!"

작은아이가 앙~ 우는 소리를 듣고 엄마가 큰애에게 말합니다.

"왜 또 동생을 울려!"

물론 큰애는 전과(?)가 많아요. 동생 울린 게 한두 번이 아니었어요. 그렇다 하더라도 저렇게 말씀하시면 안 됩니다. 99번 동생을 울렸다 하더라도 이번엔 아닐 수 있거든요. 그 단 한 번의 오해가 아이 가슴에 상처를 남겨요. 두 아이 이야기를 들어 보니 명백히 동생을 울린 상황이 아니라는 게 밝혀지면 엄마가 매우 쑥스럽겠죠? 그럴 땐 얼른 사과해야죠. 물론 사과할 상황이 벌어지지 않는 게 제일 좋지만요. 그런데 보통 이럴 때 엄마들은 또 그럽니다.

"네가 맨날 동생 울리니까 또 그랬는 줄 알았지이~."

이건 아까 말씀드린 '변명'이네요.

추측 "너 이번 시험 또 망치면 그냥 확!"

아직 일어나지 않은 일에 대한 추측으로 상처 주기 신공, 이 것도 우리 어머니들이 많이 발휘하십니다.

"너 이번 시험 또 망치면 그냥 확!"

아직 시험도 안 봤거든요? 심지어 이번엔 공부 좀 하려고 계획표도 짰고 학교에서 요점 정리 공책도 썼고, 오늘은 그거 엄마 보여 주면서 자랑도 좀 해 보려고 했는데, 저런 말 들으면?

"확 그냥 공부 안 해 버릴까 보다!"

그러지 않을까요?

비아냥은 위트도 유머도 아니다

통통한 딸내미가 "엄마, 나 오늘부터 운동할 거야" 이럽니다. 딸과 친구처럼 지내는 엄마는 "아유, 그러서? 운동한다고? 며칠 가나 한번 보자~." 그러면서 딸아이의 굵은 종아리를 보고 "어휴, 저 조선무. 하하하" 이럽니다.

얼핏 재미있는 대화같이 보이지만 사실은 딸에 대한 비아냥이 섞여 있어요. 우리 딸은 그런 거 신경 안 쓴다고요? 아이들 대화를 들어 보면 더한 독설도 많더라고요? 맞습니다. 남자아이들은 친한 친구들끼리 직설적인 독설을 날리고요, 여자아이들도 만만치 않은데 상대방을 조롱하면서 좀 웃기게 돌려 말하는 게 요즘 유행인 것 같습니다. 그러나 결국은 상대에게 상처를 주는 말이겠죠. 만약 거짓된 조롱이면 거짓이라서 마음속에 반발감이 들 것이요, 진실을 품고 있어도 대개는 본인이 인정하고 싶지 않은 진실들이겠지요. 키가 작다든지, 뚱뚱하다든지, 성적이 별로라든지 하는 이런 개인의 약점, 본인이 알고 있다 한들 그 이야기가 즐겁겠습니까?

서점에서 열심히 책을 고르고 있는 친구에게 "그만 가자, 어차피 너 책도 안 읽을 거잖아" 뭐 이런 식으로 이야기하는 것을 위트 있는 대화라고 착각하는 아이들을 많이 보았는데, 가만 보면 엄마들도 아이에게 '다정한 어조'로 저렇게 말하는 분이 있더라고요. 소심하고 남에게 싫은 소리를 못 하는 아이 중에는 불편한 말을 들어도 싫은 내색을 하지 않고 웃고 넘기는 아이가 많아요. 웃으면서 받았으니까 상처받지 않았을 거라는 생각은 하지 않는 게 좋아요. 아이한테 물어보겠다고요? 그것도 좋아요.

"엄마가 맨날 '우리 돼지 딸' 이렇게 부르는 거 혹시 싫었던 거 아니었어? 싫었다면 엄마가 미안. 장난으로 그런 건데, 섭섭

     교사와 부모 사이

했을 거란 생각을 미처 못 했네. 앞으로는 그런 말 하지 않을게.”

이렇게 진지하게 대화를 나눠 보실 필요도 있어요. 지금이라도 작은 바늘이든 화살이든, 아이의 약점을 공략한 유머는 거두심이 어떨까요?

잘못 인정 안 하기

엄마들도 실수하죠, 당연히. 그런데 절대 잘못 인정 안 하는 엄마들 계시지요. 그러면서 아이가 자기 잘못에 대해 변명하면 “넌 왜 잘못을 인정 안 해!” 합니다. 아이들이 엄마의 거울이라는 말을 새겨들을 필요가 있어요. 아이의 잘못된 행동을 볼 때마다 ‘혹시 내가 저랬나?’ 돌아보는 자세는 좋은 엄마의 자세라고 생각해요.

“엄마, 저녁에 맛있는 거 해 놓는다며! 친구들이랑 떡볶이도 안 먹고 일찍 왔는데~! 엄만 동창 모임 간다고?”

“엄마가 깜빡했어. 그럴 수도 있지 뭐! 야, 나도 지난번에 너랑 밥 먹으려고 기다리다 너한테 바람맞았는데, 아, 몰라 몰라, 내일 해 줄게~. 나 지금 나가야 해.”

이런 엄마는 안 계시겠지요?

사과 안 하기

그리고 애들이 많이 하는 말이 있죠.

"우리끼리 싸우고 나면 서로 사과하라고 하면서 엄만 절대 우리한테 사과 안 하잖아!"

"사과? 뭘 사과해? 넌 잘못하고 나서 엄마한테 사과해? 맨날 빠락빠락 대들면서…."

엄마들이 무조건 참으라는 말은 아닙니다. 저는 부모도 아이에게 섭섭하고 속상하고 화난 감정을 정직하고 정확하게 전달해야 한다고 생각합니다. 하지만 위와 같은 대화는 밖에서 보면 꽤 유치하게 보이지 않을까요? 엄마가 져 주라거나 약한 모습을 보이라는 것이 아닙니다. 아이가 유치하다고 같이 유치해져서는 안 되지 않을까요. 아이는 사춘기라 감정적으로 반응할 수 있지만 우린 어른이잖아요. 여담이지만 어떤 집에서 말싸움 끝에 아이가 궁지에 몰렸다고 생각하니까 "난 사춘기잖아~!" 하고 소리를 빽 지르더랍니다. 그러니까 엄마가 "사춘기? 난 갱년기다, 왜! 너 갱년기 우울증이라고 들어 봤어? 어디서 사춘기가 깝쳐, 깝치길!" 하고 제압했다는데…. 어머, 어머니들 왜 이렇게 통쾌해하세요? 아이들한테 쌓인 거 많으셨구나….

〈슈퍼맨이 간다〉라는 육아 프로그램 있었지요. 초창기에 배우 송일국 씨가 세쌍둥이와 함께 나오는 장면을 보면 이 아빠는 세 아이가 말을 걸면 반드시 반응을 해 줘요. 유머 감각도 있고 다정하고, 또 아이들이 아기 말을 쓰면 정확한 언어로 바꿔서 다시 한 번 말해 주고요. 이런 대화의 기법을 '반영적 경청'이라고 합니다. 원래 반영적 경청은 상담할 때 '내담자가 한 말에 공감하면서 반복하기'라는 상담 기법입니다. 우리 어머니들도 아이들이 어렸을 때, 말을 막 배울 때, 아이가 하는 말 따라 해 준 기억들 나시죠? 그것도 일종의 반영적 경청이라고 할 수 있습니다. 상대방의 말에 공감의 반응을 보여 주는 것을 말하는데요, 한번 연습해 봅니다.

반영적 경청

반영적 경청이라는 게 일차적으로는 상대방의 말을 되풀이하기만 해도 의미가 있는데 일단 '내가 당신 말을 잘 듣고 있다'는 신호를 보냄으로써 상대방에게 믿음과 관심을 줄 수 있어요. 또 하나는 상대의 말을 반복함으로써, 잘못 이해해서 생기는 오류를 즉시 수정할 수 있다는 장점이 있습니다. 말하자면 상대방 말에 대한 재해석이 옳은지를 검증받는 것이죠. 왜곡되지 않은 의사소통을 위해서도 꼭 필요합니다. 더 중요한 것은 공감의 분위기를 만들 수 있다는 거죠.

친구가 "나 어제 무슨 일 있어서 너한테 갔는데 너 없더라?"라고 말했어요. 이 말에 대해 어떻게 대응할까요?

이렇게 대답하는 사람이 있었어요.

"아, 어젯밤? 나 그 시간에 친구랑 소주 한잔 했지."

'반영적 경청'을 할 때는 말하는 사람이 말하고 싶은 것을 들어 주고 듣고 싶은 것을 들려주려 애써야 합니다. 이것이 대화를 잘 이끌어 가는 일종의 기법이니까요. 자, 친구가 "나 어제 무슨 일 있어서 너한테 갔는데 너 없더라?"라고 했을 때는 하고 싶은 말이 뭐였을까요? 어제도 그렇고 오늘도 이 말을 다시 하는 이유는, 나에게 무슨 일이 있었다, 그걸 들어 주면 좋겠다, 이거겠지요? 그러니까 '내가 어젯밤' 무엇을 했는지는 중요하지 않아요. "너 어제 무슨 일 있었다고? 어떤 일인데?" 이렇게 그 일이 무엇인지 물어 주는 게 맞는 겁니다.

딸내미가 시험공부 하다 말고 방에서 좀비처럼 축 늘어져 나와서 이렇게 말합니다.

"엄마, 시험 때만 되면 긴장돼 미치겠어~."

이럴 때 어떤 엄마는 이렇게 반응합니다.

"이그, 공부를 해 봐라, 긴장되나!"

정답 아닌 거 아시죠? 아이가 공부하다 나왔든 공부하기 싫어서 나왔든, 일단 딸아이에게 필요한 건 위로입니다.

"시험 앞두고 스트레스 많이 받나 보구나."

딸이 한 말을 조금 바꿔서 반영적 경청을 해 봅니다.

자신 없을 땐 똑같이 반복만 해 줘도

반영적 경청을 할 때 중심은 이야기한 사람입니다. 그가 무얼 말하고 싶은 건지, 무얼 듣고 싶은 건지에 주목하라고 했지요? 내가 재해석한 대로 비약하면 안 됩니다. 만약, 이 사람이 어떤 감정인지, 무얼 원하는지 잘 모를 땐 차라리 한 말을 그대로 반복해 주는 게 나을 수도 있어요.

"나 어제 허리가 아파서 한숨도 못 잤어."

"어머, 허리 많이 아팠구나!"

"오빠, 나 배고파. 떡볶이 먹으러 가자."

"아이구, 우리 애기, 떡볶이 먹고 싶구나?"

대화가 별 의미도 없고 진도도 안 나가는 것 같지만 이야기를 들어 주고 있다는 기분만으로도 위로가 될 수 있어요.

기왕이면 다양한 표현으로

아이가 말을 막 배울 때 아기 말을 따라 한 기억들이 있죠?

"엄마, 까까!"

"우리 애기 까까 줄까?"

"뜨거, 뜨거"

"앗뜨거했쪄요?"

그런데 전문가들은 아기들이 말을 배울 때 정확한 표현으로 다시 말해 주는 반영적 경청을 해 주라고 합니다. 사춘기 아이들한테도 마찬가지인데요, 우리 아이들이 아직 어휘력이 짧아서 자기 상태나 감정을 잘 표현하지 못하는 경우가 많아요. 청소년들이 감정을 표현할 때 제일 많이 쓰는 표현이 뭐게요? 맞습니다. "짜증 나"예요. 더워도, 추워도, 화가 나도, 졸려도, 시험 못 봐도, 게임 레벨 업 직전에 실패해도 "짜증 나", 그럽니다.

아이들이 "짜증 나"라고 말하면 다른 말로 바꿔서 표현해 주세요.

"친구가 네 마음을 몰라 줘서 속상한가 보구나."

"날씨가 더우니까 답답하지?"

"시험 가까워지니까 초조하지?"

"배 많이 고파?"

"어제 숙제하느라 늦게 자더니 졸리는가 보구나."

자, 반영적 경청 더 연습해 봅시다.

"나 이번 시험 지난번보다 공부 더 많이 했는데 성적이 안 나왔어."

이 말에 대한 올바른 반영적 경청은 무엇일까요?

많은 부모나 교사들이 대뜸 "네가 열심히 하긴 했어? 내가 보니 잠만 잘 자더라" 하고 비난하거나 "공부하는 방법이 잘못된 게지" 지적하거나 "공부하는 데도 말이야, 요령이 필요한데 ~" 조언하려 듭니다. 모두 아이들과의 대화에서 하지 말아야 할 것들입니다. 아니, 공부 방법에 대한 대안을 제시하는 건 필요하지 않을까요? 일단, 아이가 듣고 싶은 말이 무엇인지부터 헤아리고 나중에 조언이나 대안 제시를 해도 늦지 않습니다. 우선, "나 이번 시험 지난번보다 공부 더 많이 했는데 성적이 안 나왔어" 이 말에는 '공부 많이 했다'고 칭찬해달라는 마음과 '성적이 안 나와서' 속상하다는 마음이 들어 있어요.

"공부 많이 했는데도 성적 안 나와서 속상하구나."

이렇게, 앞에는 아이가 한 말의 반복, 뒤에는 그 말에 담겨 있는 마음을 읽어서 표현해 주기, 어떻습니까?

비폭력 대화법

《비폭력 대화》는 이제 대화법의 고전이 되었어요. 필독을 권합니다. 비폭력 대화법은 말 그대로 상처 주지 않고 말하는 이의 요청 사항을 전달하는 대화법입니다. 보통 '나 전달법'이라고 하는데 저는 이 용어가 좀 오해의 소지가 있다는 생각이 들어서 늘 혼자 웃곤 했어요. "넌 왜 늘 그 모양이니!"라고 말하지 말고 "나는~"이라고 부모의 입장에서 말하라고 하는데 그 저 '나 전달법'이라고만 하면, '뭐야, "나는 네가 그렇게 행동하 는 게 싫어"라고 부모의 감정을 드러내 놓는 것도 나 전달법 아 닌가?' 싶어지거든요.

비폭력 대화법은 그냥 화자를 주어로만 말하는 게 아니라 '관찰-느낌-요구-부탁'의 순서로 대화의 상황을 객관화시키 는 것이 중심입니다. 일단 문제 상황을 객관적으로 표현하는 것이 '관찰'입니다.

"머리가 그게 뭐니"가 아니라

"머리가 많이 자랐구나".

"방이 난장판이군"이 아니라

"방이 어지럽혀져 있네".

'느낌'에서는 그야말로 '화자의 느낌 전달'이 이루어져야 합 니다. 화를 내라는 것이 아니라 엄마의 감정을 표현하는 거죠.

"방 정리가 안 된 것을 보니 당황스럽네."

"네가 화를 내니까 엄마도 좀 화가 나."

"그렇게 소리 지르니까 나는 섭섭하구나."

그리고 엄마가 원하는 바를 말해 봅시다. '요구'입니다.

"엄마는 네가 머리를 예쁘게 다듬었으면 해."

어머, 문어체로 말하니까 엄청 오글거리죠? 같은 내용이라도 좀 더 부드럽고 웃음기가 묻어나는 표현을 연구해 보기로 해요.

"일주일에 한 번 정도는 스스로 방을 정리했으면 좋겠어."

"엄마가 야근하는 날은 굶지 말고 혼자서도 저녁을 챙겨 먹길 바란다."

'부탁'은 좀 더 구체적인 행동을 명시하는데, 명령 화법을 사용하지 않고 청유하는 화법을 고민하자는 것이죠. 흔히 부모들은 명령을 통해 아이들의 행동을 교정할 수 있다고 생각해요. 물론 훈육이 필요한 만큼 명령이 필요한 상황도 있을 수 있겠지요. 하지만 명령하지 않고도 행동을 고칠 수 있다면? 굳이 명령할 필요가 없지 않을까요? 뭐 일부러 어린 자녀 앞에서 세 보이고 싶은 게 아니라면요. 사실 명령은요, 어쩔 수 없이 따라야 하는 상황이라서 행동 수행의 효과를 보이는 것 같이 보이지만 행동하는 사람의 마음을 움직여 자발적으로 진심으로 그걸 하게 하지는 못한답니다. "마음이 합니다." 광고 카피이기도 하지만 실제로 행동의 가장 큰 동기가 바로 마음이잖아요. 그래서 요청은 힘이 셉니다.

요청을 표현할 때에도 부정적인 표현보다는 긍정적 표현으로, 모호한 표현보다는 구체적인 실행으로 해야 합니다.

"머리가 그게 뭐니, 노숙자처럼. 쫌 깎아!"가 아니라

"오늘 오후에 엄마랑 미장원 갈까?" 이렇게요.

엄마가 이렇게 말한다고 해도 아이들이 당장 네, 하고 따라오지는 않지요. 하지만 어차피 말 안 들을 아이라면 "아, 머리 좀 깎으라고~!" 악다구니를 쓰는 것보다는 부드러운 어투로 여러 번 요청하는 게 낫겠지요.

이렇게 하는 이유는 대화로 인해 벽을 쌓지 않고자 함이고, 아이 마음속에 스트레스를 줄 필요가 없기 때문이에요. 만약 엄마가 버럭 화를 내면 아이는 다른 데서 오는 스트레스조차 모두 엄마 때문이라고 생각할 수 있어요. 자기 잘못을 인정하지 않거든요.

만약에 최선을 다해 이렇게 4단계를 거쳐 비폭력 대화를 했건만 아이는 꿈쩍도 하지 않는다, 어찌합니까? 엄마가 제시한 대안, 그 요청이 아이 마음에 안 들었겠죠. 설득이 안 된 겁니다. 그럴 땐 아이 생각을 물어요. 여러분, 연애만 밀당을 하는 게 아니라니까요. "넌 어떻게 생각해?", "어떻게 했으면 좋겠어?" 물어주세요.

내가 학교에 다닌 21년 동안 내게 '어떻게 느끼느냐'고 물어본 사람은 한 명도 없었다. 느낌이란 별로 중요하게 여겨지지 않았기 때문이다. 가치 있다고 생각된 것은 지위 높고 권위 있는 사람들에 의해 규정된 '올바른 사고방식'이었다.

- 비폭력 대화, 79쪽

협상의 지혜

아이와도 '밀당'이 필요합니다.

우선, 아이가 절대 해서는 안 되는 일에 대해서는 엄마가 먼저 기준을 세우고 단호하고 확실하게 강조할 필요가 있습니다. 저는 그 기준이 '위험한 것, 부도덕한 것'이었는데요, 가령 술, 폭력, 오토바이 같은 것들이죠. 이처럼 객관적으로 해서는 안 되는 일을 뺀 나머지에 대해서 여유 있게 선택할 수 있게 하는 게 좋다고 생각합니다.

그 기준이 정해졌다면 원칙은 일관되게 적용해야겠죠?

그런데 의사소통이 잘 안 되는 경우가 있습니다. 원칙을 잘 전달하고 그에 대해 아이들은 받아들였는지 아닌지, 이해가 되었는지 아닌지가 부모와 공유가 되어야 하는데 일방적으로 지시만 해 놓고 '의사소통'이 되었다고 생각하는 부모들이 있거든요. 어른도 딴생각을 하고 있거나 자기 나름대로 재해석을 하거나, 듣고 싶은 것만 듣거나, 기억을 못 하는 경우도 많잖아요. 아이들은 더 해요. 엄마는 이야기했다고 생각하지만 아이는 '들은 적이 없다'라거나 '난 그렇게 듣지 않았다.'고 말하는 경우가 많이 있죠.

아이랑 이야기 나눌 시간이 모자란다고 해서 화장실에 있거나 자기 방에 있는 아이한테 밖에서 큰소리로 급히 "야, 내일 할아버지 오시니까 점심때 나가지 마!" 이렇게 말하고 나서 다음날 나가버리는 아들에게 '엄마가 어제 말했잖아' 이래봐야 소용없어요. 아이는 못 들었거든요.

"엄마가 그런 행동 하지 말랬지?" 했더니 아이가 "언제?" 이렇게 반응한 적은 없나요? 사실 사춘기 때 아이들은 자기가 듣고 싶은 말만 듣는 경향이 있어요. 세상이 자기를 중심으로 도는 시기라서 그래요. 그래서 중요한 내용은 분명하고 정확하게 강조해서 전달해야 합니다. 이야기한 다음에 "내가 방금 한 말 다시 한번 말해 볼래?" 이렇게 확인하는 것도 좋은 방법입니다.

대화의 기술 몇 가지를 공유해 볼게요.

① 상대방이 피곤하거나 힘든 상황일 때, 혹은 내가 힘들 때보다는 서로가 안정적인 상황일 때 내가 하고 싶은 말이나 요구 사항을 전하는 게 좋다.
② 말할 내용을 미리 생각해서 간결하면서도 맥락 있게 이야기한다.
③ 내가 상대방의 말을 잘 듣고 있다는 '반영적 경청'을 한다.
④ 대안을 가지고 대화를 시도한다.

가장 좋은 대화의 기술은 '경청'입니다. 그리고 무엇보다 중요한 것은 기술보다 '마음'이겠지요?

오늘 대화법은 도움이 되셨나요? 다음 시간에는 '여자, 몸, 죽음'이라는 좀 무거운 주제로 이야기를 나누어 보려고 해요. 우리 아이들과의 관계가 아닌 우리 자신에 대한 생각에 잠겨 보기로 합시다. 읽어 오실 책이 많네요. 게르드 브란튼베르그 《이갈리아의 딸들》, 고미숙《동의보감》, 김선우《물의 연인들》을 읽고 엄마로서가 아닌 여자로서의 자신에 대해 이야기 나누어 보기로 합니다.

사춘기 대화법

"내가 가장 하고 싶은 말이 그에게는 가장 듣기 싫은 말일 수 있다."

활동1. 내가 요즘 가족과 아이들에게 자주 하는 말 써 보기

남편에게 자주 하는 말

아이들에게 자주 하는 말

부모나 다른 가족에게 자주 하는 말

직장 동료나 이웃에게 자주 하는 말

써 본 소감

활동2. 나에게 말 걸기

❶ 나의 상황 돌아보기

지금 나의 상태를 한 문장으로 나타내고(예. 요즘 나는 아들의 짜증 때문에 걱정이 많다.) 나에게 위로와 격려의 말 걸기(예. ○○(내 이름)아, 요즘 사춘기 맞은 아들 녀석에, 친정어머니 병환 때문에 스트레스 많이 받고 힘들지? 거울을 보면 자꾸 늙는 것 같고…. 하지만 힘내, 넌 아직 예뻐. 그리고 최선을 다하는 좋은 엄마잖아. 그러니까 힘내. 사랑해~.)

❷ 나의 대화 돌아보기
① 내가 대화할 때 무엇을 힘들어하는지 돌아보기

남편에게 말하기 힘든 문제는 무엇인가?

자식들과의 대화에서 어떤 부분이 제일 불편한가?

친정 부모나 시집 식구들과 대화할 때 제일 싫은 점이 무엇인가?

어려움 없이 대화할 수 있는 상대는 누구이며 그 이유는 무엇인가?

활동3. 반영적 경청 연습
❶ "나 어제 무슨 일 있어서 너희 집 갔는데 너 없더라."

❷ "엄마는 왜 맨날 나만 야단쳐?"

❸ "시험 때만 되면 긴장돼 미치겠어요."

❹ "이번 중간고사 때 지난번보다 공부 많이 했는데도 성적이 안 나왔어요."

활동4. '비폭력 대화법'으로 말하기

❶ 대화 바꾸기 – 다음 대화의 문제점이 무엇인지 생각해 보자.

엄마 : 시험 땐데 공부 좀 해~.

아들 : 하고 있잖아!

엄마 : 어디서 엄마한테 고함이야?

아들 : 엄마 눈엔 내가 맨날 노는 거로 보여?

엄마 : 네가 평소에 공부하는 꼴을 본 적이 있어야지.

아들 : 아, 나가, 쫌~!

❷ '관찰 – 느낌 – 요구 – 부탁'의 '나 전달법'

내가 ~를 보니 ~라 느껴졌어. 나는 네가 ~ 하기를 원해. 그러니까 ~게 해 주겠니?

"○○아, 네가 엄마한테 '나가~, 쫌' 이렇게 소리 지르니까 엄만 좀 섭섭하다.
엄마는 늘 너랑 감정 상하지 않고 대화하기를 원해. 그러니까 좀 피곤하더라도
좋게 이야기해 주겠니?"

* 예시 : 내가 한 말을 남편이 다른 사람에게 전했다는 것을 알게 되었을 때

(관찰) 여보, 지난번에 내가 시어머니한테 서운하다고 말한 거, 오늘 어머님이 전
화해서 나한테 말씀하시더라.

(느낌) 나 어머니께 민망하고 당신한테 섭섭했어.

(요구) 우리끼리 한 말은 그냥 비밀을 지켜 주었으면 좋았을 텐데.

(부탁) 그러니까 다음엔 만약 어머니한테 전해야 하는 말이라고 생각하면 나한
테 먼저 물어보고 다른 사람한테 말해 줄래?

❸ 다음은 관찰일까, 아닐까? 평가나 감정을 섞지 않고 말하기 연습을 해 보자.

① 그 애는 방을 혼자 쓰고 싶다는 걸 보니 성격이 까칠하다. → 그 애는 옆에 누가 있으면 잠을 제대로 못 잔다면서 방을 혼자 쓰겠다고 말했다.

② 살이 많이 쪘다. → 너 지난달에는 65kg이더니 이번에 70kg이 됐구나.

③ 수업이 지루하다. → 오늘 수업은 45분 내내 필기만 했다.

④ 영준이는 잘난 체한다. → 영준이는 지난 여름방학에 온 가족이 유럽 여행을 다녀왔다고 한 시간 동안 말했다.

⑤ 선생님은 힘든 일은 남학생한테 다 시킨다. → 선생님은 여학생들에게는 책상 위를 걸레로 닦게 하고 남학생들에게는 그 책상을 4층 도서관으로 옮기라고 시켰다.

❹ 최근에 아이(남편, 가족의 다른 이)에게 하고 싶었던 말을 비폭력 대화법으로 써 보자.

하고 싶은 말

관찰 – 느낌 - 욕구 – 부탁으로 다시 말하기

❺ 아이에게 사과하기, 아이에게 사과받기

사과하고 싶은 말 : (**)에게 엄마가**

사과받고 싶은 말 : (**)가 나에게**

'엠창', '패드립'…
욕에 무뎌진 학교의 아이들

'욕 끝마다 가끔 말'을 하는 아이들이 많다.
아이들의 거친 말을 막기 위해 학교와 교사는
무엇을 반성하고 무엇을 실천해야 할까.

아이들이 자기 엄마를 창녀로 거는 맹세를 한다면 부모들이 그걸 받아들일 수가 있을까? 아이들끼리 엄지와 새끼손가락을 쭉 뻗어 이마와 혀에 대면서 '엠창(엄창)'이라고 말하면 '내가 이 약속을 안 지키면, 혹은 이 말이 거짓말이면 우리 엄마는 창녀다'라는 뜻이다. '엠창(엄창) 깐다'는 말은 '맹세한다'는 의미이고 대화 도중 '엠창(엄창)?'이라는 말은 '정말?' 정도로 흔히 쓰이기도 한다. 이 말은 초등학교 3~4학년 아이들도 쓴다. 뜻도 모른 채 쓰는 아이도 많다.

　10년쯤 전, 중3 아이들이 격렬하게 싸운 일이 있었다. 간신히 떼어 놓고 보니 주먹을 먼저 날린 아이는 상대방이 자기 엄마 욕을 해서 참을 수 없었다고 한다. 아이들 싸움은 쌍방과실인 경우가 많지만 그 아이에게 '네가 좀 참지 왜 먼저 폭력을 썼느냐'고 야단을 칠 수 없었다. 자기 부모 욕을 듣고 격분하지 않는 아이가 더 이상한 거 아닌가? 하여간 그 이야기도 벌써 오래전 일이고 지금은 부모 욕을 했다고 싸움도 잘 일어나지 않을 만큼 아이들 사이에서 이른바 '패드립(패륜적인 발언)'은 흔하디흔하다. 아이들이 매번 엄마 욕에 격분해 싸움을 한다면 지금의 남자 중학교 복도는 피바다가 되었을 것이다.

　만약 사람 입에서 나오는 말이 눈에 보이는 색깔이 되어 공간을 채운다면 학교는 〈해리포터〉에서 악의 무리가 내뿜는 검은 연기 같은 거로 꽉 차 있을지도 모른다. 아이들은 이제 웬만한 욕은 신경 쓰지도 않는다. '욕 끝마다 가끔 말'을 하는 그 많은 아이를 일일이 지도할 수조차 없을 정도이지만, 나는 부모 욕과 여자 욕(남자아이들끼리 여자에게 하는 욕도 자주 한다. 남자아이들끼리도 '××놈' 하는 것보다 '××년'이라는 말이 더 모욕적으로 들린다고 한다. 의식하지 못하는 중에 남녀차별적인 사고방식이 반영된 것이라고 여겨진다)을 하는 아이들은 반드시 불러 호되게 야단치고 오래 훈계한다. 단순한 습관의 문제가 아니라 윤리와 인성의 문제이기 때문이다.

교사들이 내뱉은 말도 스스로 돌아볼 때

그러고 보니 아이들은 '쓰레기'라는 말도 많이 쓴다. 방송에서 연예인도 공공연히 그 단어를 쓰는 것을 보았다. 저 말을 언제 들었더라? 그래, 아주 오래전, 한때 말썽꾸러기 아이들을 일컬어 '쓰레기 같은 자식'이라는 말을 입에 달고 사는 선생님이 있었다. 아무리 아이가 잘못해도 그렇지, 자기가 가르치는 아이를 '쓰레기'라고 부르던 그 선생님, 같은 교사임이 부끄러웠던 그 사람…. 자기도 군대에서 무수히 들었다는 그 말, 그때만 해도 소름이 돋게 싫었던 그런 말의 씨앗이 학교 여기저기에 심겨 있다가 그가 퇴직한 지 오래된 지금 '잭의 콩나무'처럼 싹을 틔우고 미친 듯이 자란 건 아닌가 싶다.

'너희 부모가 그렇게 가르치던?' 하고 아이의 태도를 부모 탓으로 돌리던 담임 선생, '네가 그러면 그렇지', '꼴통 새끼', '한심한 자식', '네가 죽일 놈이네'라며 기선 제압한답시고 아이를 말로 죽이던 10년 전, 20년 전 나의 선배들, 아니 요즘의 내 동료들과 나 자신이 뱉은 말이 학교 복도에 씨를 감추었다가 밤마다 무럭무럭 자라나 아침에 등교한 아이들 몸속으로 들어가 검은 혀로 솟구치는 건 아닌지 모르겠다.

물론 아이들 입이 저렇게 거칠어진 원인은 좀 더 복잡하고 다

양하다. 건강한 사회와 공동체가 무너지고, 가정도 학교도 무너지고, 아이들은 지나친 학업과 경쟁의 무게에 스트레스받고…. 이런 근본적이고 포괄적인 원인 중에서 '학교의 막말'은 일부분에 불과할 수도 있다. 하지만 아이들의 거친 말을 막기 위해 학교는 무엇을 반성하고 무엇을 실천해야 할까 생각할 때, 우리 교사들부터 자신의 언행을 돌아봐야 한다.

오래전 교사들이 아이들에게 함부로 뱉은 욕이 요즘 싹텄다면 지금 우리 교사들이 아이들에게 다정하고 따뜻한 말을 나누어 10년 후를 기약할 수도 있지 않을까. 어쩌면 아이들의 검은 독설(毒舌)을 조금은 따뜻하고 부드러운 혀로 바꿀 수도 있을 것이다.

단, 그 노력은 그 혀가 완전히 썩어 문드러지기 전, 학교가 검은 연기에 질식해 무너지기 전에 서둘러 이루어져야 한다. 또한 교사들의 노력은 아이들을 거칠게 만든 교실 밖의 세상을 조금이라도 괜찮은 곳으로 변화시키려는 의지로 확장되어야 할 것이다.

●

《시사인》 제390호(2015년 3월 10일)

여자,
몸,
죽음

9강　여자, 몸, 죽음

이갈리아의 딸들, 동의보감, 물의 연인들[책]

다시 태어나도 여자로 태어나고 싶으신 분? 별로 없으시네요. 많은 여성이 '나도 아내가 있었으면 좋겠다', '남자들은 좋겠다' 입에 달고 살아요. 요즘 젊은 남자들이 자기들이야말로 남녀차별을 당하고 있다, 소위 역차별 이야기를 하면서도 그럼 다시 태어난다면 여자로 태어나겠는지 물으면 그러겠다는 사람은 별로 없죠. 그런 걸 보면 여성의 삶이 얼마나 강팍한지 새삼스럽지요?

저도 여자로 사는 생이 고달프다는 생각 많이 하지만 단 하나, 여자라서 좋았던 점도 있어요. 아기를 낳은 일입니다. 출산은 인생의 엄청난 사건인데 저는 그걸 축복이었다고 생각해요. 다만, 게르드 브란튼베르그의 《이갈리아의 딸들》에서는 '아이를 돌보는 일은 맨움의 일'이라는 대목이 나옵니다. 남자는 출산하지 못하는 열등한 동물이므로 육아를 책임져야 한다는, 현실에 대한 비판적 반영의 표현인데요, 단순한 '미러링'이 아니라 과학적으로도 사회적으로도 여성이 출산과 수유를 책임졌으니 남성은 육아와 교육을 책임지는 것이 맞지 않을까 싶네요.

《이갈리아의 딸들》을 읽으면서 정말 그럴 수도 있었을 것만

　교사와 부모 사이

같다는 생각이 들어 무릎을 친 기억이 있습니다. 현실에서 '남자'는 '인간'을 지칭하는 '맨'으로, 여성은 마치 별다른 인간인 양 '우'먼으로 불리지만 《이갈리아의 딸들》에서는 여성을 제1의 성으로, '움'으로 부릅니다. 가령 출산과 수유를 할 수 있는 여성 '움'이 남성인 '맨움'보다 우월할 수밖에 없다는 논리는 흔히 우리의 현실 세계에서 남성이 생물학적으로 우세하여 여성을 지배할 수밖에 없다는 논리에 견주어 조금도 밀리지 않거든요.

남자로 태어났다면 어땠을까

임신할 수 있는 천혜의 능력이 갖는 우월성이여, 생물학적으로 폭력적이지 않기에 지혜로울 수 있다는, 그리하여 지배의 성性이 되기 부족함이 없다는 논리의 필연적 귀결이여! 말하자면, 이것은 남성들의 논리가 얼마나 우스꽝스러운가를 반증하려는 근거로 활용됩니다.

물론 이 책이 여성이 남성보다 우월한 지위를 차지하게 되는 세상을 지향하고 있는 것은 아닙니다. 남녀평등은 말 그대로 '평등'을 지향하는 것이지 지위의 역전이나 복수를 꿈꾸는 것이 아니잖아요. 이 책에서 미러링을 하는 것은, 남성 우월의 논리가 얼마나 빈약한 것인지를 보여 주기 위한 장치일 뿐입니다.

제가 제일 재미있게 읽은 대목은 '폐호' 이야기였어요. 사실 책을 읽기 전부터 왜 남성은 생식기가 두드러지는 것을 부끄러워하지 않을까 늘 궁금했거든요. 여성은 가슴이 두드러지는 것을 가리려고 애쓰잖아요. 그래서 브래지어라는 것을 하는데 남자들은 당당히 바지 앞섶을 내세웁니다. 지하철 타고 앉아 가다가 앞에 어떤 남자가 서면 시선을 어디 두어야 할지 모르겠는데, 참으로 이상한 것은, 부끄러움은 앉아 있는 나의 몫일 뿐, 서 있는 그 남자는 부끄러워하지 않는다는 것입니다.

저는 "남자들이여, 바지 앞섶을 가려라" 주장하는 게 아닙니다. 자연스러워요. 그런데 여자는요? 우리는 왜 부끄러워해야 하죠? 여성의 가슴은 '성적' 코드를 품고 있어서 그렇다고요? 남성의 성적 호기심을 끌어낼 수 있다고요? 즉 성범죄의 표적이 될 수 있다고요? 여자들은 남자 바지 앞섶을 보고 성적으로 흥분하지 않는데요? 이것이 불공평하다고 주장하면 '남잔 원래 그래'라고 답하더라고요.

여자가 브래지어를 안 하면

사실 몸의 어떤 부위를 보고 성적인 관심을 두는 것은 생물학적인 이유만은 아니라고 합니다. 빅토르 위고의 《레 미제라블》에는 마리우스가 코제트를 만나 데이트할 때 발목을 보이는 것을 참을 수 없다고 표현하는 장면이 나옵니다. 19세기 프

    교사와 부모 사이

랑스 여성들에게 가장 드러내 보이지 말아야 할 신체 부위는 발목이었어요. 치마 밑에 하얗게 드러나는 발목은 섹시하고, 그러므로 정숙한 여자들이 절대 보여 주어서는 안 되는 부위라는…. 생물학적 근거는 뭘까요? 그러니까 성적인 연상, 흥분은 여성을 어떻게 바라보느냐에 따른 것이죠. 머릿속에 온통 섹스에 대한 생각밖에 없는 남성에게는 지나가는 여자의 까만 머리칼도 여름에 더워서 묶은 머리 사이로 보이는 흰 목덜미도 심지어 손가락도 살짝 찌푸린 미간도 웃을 때 보이는 앞니도 다 성적인 코드일 수 있어요. 여성을 성의 대상으로만 보는 그들의 뇌 속을 들여다보고 고민해야 할 문제를 여성의 복장 문제로 생각하지 말라는 겁니다.

나의 성性, 임신, 출산 이야기하기

임신과 출산은 어려운 일이지만 이를 통해 더욱 건강한 몸과 마음을 갖게 되는 경우도 많아요. 《이갈리아의 딸들》을 인용하지 않아도 저는 출산은 여자만이 누릴 수 있는 최고의 기쁨이라고 생각합니다. 몸으로 아이를 맞이할 수 있는 것도 축복이지만 임신이라는 통과의례를 겪으면서 개인주의에서 이타주의로 나아갈 수 있고 인생을 포괄적으로 볼 수 있는 시각을 얻을 수 있었습니다. 나아가서는 우주 속에서 자기 존재를 객관화하여 겸허하게 바라볼 수 있게 하는 계기가 되기도 합니다.

일방적으로 어머니는 아기를 위해 몸을 내어주기만 하나요? 임신 출산으로 인해 어머니의 몸이 건강해지고 성숙해지기도 해요. 그리고 흔히 여자가 아이를 낳으면 성숙해진다는 것은 단지 성적으로, 생물학적으로 그리 된다는 의미만이 아닙니다. 엄마가 됨으로써 정신적으로 성숙해질 뿐 아니라 세상을 넓게 보게 돼요. 이 귀한 아이가 자라날 세상이 더 나은 세상이 되어야 한다는 고민을 하게 해 주죠. 즉 여성의 사회적 성숙에도 이바지합니다.

다만 지나친 육아와 가사노동은 여성을 병들게 합니다. 출산으로 충분히 지쳤는데 육아까지 전담해야 한다니요. 만약 모유 수유를 한다면 더더욱 육아는 힘들 수밖에 없어요. 그러니까 적어도 육아는 아빠가 하는 게 맞지요. 조화로운 결혼에서는 그런 상생을 남편과 가족이 함께할 것입니다.

최근에 드라마 〈더 패키지〉에서 본 장면인데요, 여고생이 학교 평가에서 탐사보도 형식으로 동영상 만들기를 했는데, 내용이 콘돔에 관한 것이었어요. 청소년도 편의점에서 콘돔을 살 수 있어요. 단, '일반형'은 살 수 있는데 '특수형'은 살 수 없는 근거가 무엇인지 질문합니다. 드라마 속 학생은 '정말 궁금해서'라고 말해요. 관계 당국에서는 '특수형은 쾌락을 추구하기 때문이고 일반형은 피임을 하기 위해서'라는 이유로 청소년 판매

불가의 기준을 말하더군요. 그에 대해 그 학생은 "그런데 말입니다, 청소년은 쾌락을 느끼면 안 되나요?"라고 질문하고요, 마지막 장면은 영상을 만든 아이가 사 모은 콘돔을 여고생 친구들에게 마구 뿌리면서 나누어 주는 장면으로 끝납니다. 결국 드라마 속에서 그 아이는 징계를 받아요. 저도 학교 교사이지만 그게 징계를 받아야 할 일인가 싶네요. 여러분은 어떻게 생각하세요?

여자들은 성에 대해 이야기하는 것을 부끄러운 일로 여기면서 살아왔어요. 연애에는 수줍고 수동적이었지요. 섹스는 수치스럽고 불편하고, 심지어 귀찮은 일이기도 했던 것 같아요. 욕망에 당당했던 여자들은 상대적으로 '까진 아이' 취급을 받아야 했고요. 여고 시절에 미래의 남편에게 미안하지 않으려면 결혼할 남자가 아닌 아무 남자와 함부로 행동하지 말라는 말을 들었는데 그 말이 얼마나 부담스럽던지요.

저는 성에 대해 무조건 당당하게 다 까발려 이야기하자고 주장하는 건 아니에요. 누군가 한 말처럼 섹스와 기도는 세상에서 가장 은밀하고 성찰적인 행위 중 하나라고 생각해요. 하지만 적어도 죄의식, 수동성, 여성 혼자만의 책임감, 이런 것으로부터 우리 딸들은 벗어날 수 있게 해 주었으면 하는 바람입니다.

나와 엄마, 딸과 나

저에게는 이제 스물세 살 된 어여쁜 딸이 있습니다. 또 70대 중반의 친정어머니도 가까이 살고 계십니다. 딸-나-어머니를 잇는 3대의 고리 그 한가운데서 나 자신에 대해 많이 생각해 봅니다. 누군가는 딸도 아니고 며느리도 아니고 어머니도 아닌 나 자신을 꿈꾼다고 하던데 행복하든 그렇지 않든 누구의 딸인 나, 누구의 어머니인 나를 생각하지 않고 지금의 내 정체성을 논하기란 쉽지 않죠. 원초적으로 하고 싶었던 일을 고찰해 보는 일과 그것을 가로막은 일이 무엇인지를 헤아리는 일이 중요하고, 대개는 그 가로막음에 부모가, 특히 어머니가 떡 하니 서 있는 경우가 많으며, 본의 아니게 아이를 낳아 기르면서 또한 내 삶의 무한한 희망이 아이로 인해 가로막히는 경험을 누구나 하게 되므로 어머니와 딸이 세상 가장 사랑하는 사람이면서도 세상에서 가장 나를 나답지 못하게 만드는 질곡이 될 수도 있습니다.

그러나 그렇더라도, 혹은 그렇기 때문에 더더욱 그들과의 관계를 빼고 내가 어떤 사람인지를 말하기는 쉽지 않겠죠. 만약 그 고리를 끊고 싶은 이라면 더더욱 그런 관계를 돌아볼 필요가 있을 겁니다. 오늘은 나의 엄마, 엄마인 나의 엄마, 그 사람에 대해 생각해 보기로 해요.

똑 닮지만은 않았겠지만 지금의 내 모습은 과거 엄마의 모습일 수 있어요. 나는 아이를 키우면서 삶에서 포기하는 부분도 많았지만 반면 인간으로 성숙해진 모습도 있어요. 우리 엄마도 그랬을 수 있어요. 그런데 엄마한테 그런 이야기를 들어 본 적은 없죠? 그래서 어느 날 물어요. "엄마, 우리를 낳아 기르지 않았다면 엄마는 뭐가 되고 싶었어? 어떻게 달리 살아 보았으면 하는 생각을 했어?"라고요.

신경숙의 《엄마를 부탁해》는 엄마에 대한 상념을 끌어낼 수 있는 소설입니다. 중년을 맞이한 나에게 어느 날 노년의 어머니가 사라지는 사건이 생깁니다. 실종된 어머니를 찾아가는 과정에서 몰랐던 사실들을 알게 됩니다. 우리는 언제부터 내 어머니가 어떤 사람인지를 궁금해하고 알게 되었을까요?

엄마를 부탁해, 나도 부탁해

《엄마를 부탁해》를 읽으면서 새삼스럽게 확인하는 것이 있었어요. 엄마는 엄마이기 이전에 여자이고 한 사람의 인간이라는 것.

소설 속에는 엄마와 동네 아저씨의 로맨스가 언급됩니다. 엄마의 또 다른 남자, 혹은 아버지와의 연정을 상상하는 일은 불경한가요? 아이들 앞에서 여자로서의 나를 드러내는 일은 불순한가요?

정절과 모성을 신성화하는 것은 지배 질서의 강요에 의한 이데올로기입니다. 유교 사회가 그랬고 근대 사회에서 노동 대신 육아와 모성을 선택하도록 유도했다고 보는 시선도 있지요. 모성애가 부족하다고 여기는 엄마들은 죄책감에 시달리도록 사회가 강요한다는 의미입니다. 거기에 가장 큰 희생양이 아마도 우리 어머니 세대일 것 같아요. 우리 세대나 우리 딸 세대의 삶도 본질에서 더 나아졌다고 말하긴 어렵지만 말이죠.

딸이 출산을 경험하여 어머니가 되면 자기 어머니에 대해 깊은 이해에 도달하는 경우가 많아요. 그리고 어머니와 친구처럼 늙어 가면서 서로에 대한 이해와 유대가 깊어지고요. 그래서 아들보다 살갑게 지낼 수 있다고 '엄마한테는 딸이 있어야 해' 이런 말을 흔히 하죠. 다만 '여자'로서의 공유에는 한계가 있어요. 이해와 공감만 해도 고맙긴 하지만 '같은 여자로서의 이야기의 공유'까지 나아간다면 나의 어머니와도 '여성으로서의 유대'가 가능하지 않을까요.

엄마의 사랑, 엄마의 연애

김선우의 《물의 연인들》 이야기해 볼까요. 김선우는 〈도화 아래 잠들다〉로 유명한 시인인데 《나는 춤이다》 등 소설도 몇

편 썼어요. 그의 소설을 읽으면 이 사람, 천생 시인이라는 생각이 듭니다. 소설의 서사 구조보다도 이미지와 언어의 아름다움이 출중하죠. 《물의 연인들》을 꼭 읽어 보시라 권하고 싶은 이유가 여럿 있는데요, 엄마와 딸, 모성의 기원, 여성성, 여성적 에로티시즘, 이런 기존 김선우 시에서 많이 언급됐던, 아마도 시인이 삶의 근원으로서 탐구하는 그 담론들이 소설 속에 오롯이 담겨 있어서 우리가 여성으로 태어나 살아야 하는 삶에 대해 깊이 생각하게 한다는 점이 첫째이고요, 그런 근본적인 성찰이 여성차별이나 폭력, 자연의 파괴라는 현실적인 아픔과 닿아 있다는 인식도 뛰어납니다. 아마도 작가는 이 소설을 4대강 사업으로 온 국토가 헤집어지던 시절에 쓴 듯해요. 서술자의 고향 강, 그러니까 삶의 근원, 모성의 원천, 어린 시절의 추억과도 같은 그 강이 공사로 파헤쳐지는 장면과 여성성, 인간성이 외부 압력으로 파괴되는 장면이 오버랩 되죠. 그리고 무엇보다도 서술자인 딸이 엄마를 바라보는 시선에서 진정한 의미의 '여성 연대'를 보여 줍니다.

유경은 정말 뜨겁고 아름답고 황홀한 사랑을 경험하면서 엄마 생각을 합니다. 엄마는 이렇게 좋은 사랑을 경험했을까? 사실 엄마는 10대에 성폭행을 당해 서술자인 딸을 낳았고 가해자와 결혼해 폭력에 시달리다가 결국 그 남자를 살해한 혐의로 감옥에 가 있었거든요. 그러니까 온전한 연애와 성을 누리지 못했겠죠. 딸은 거기에 생각이 미쳐 마음이 아팠던 거예요.

현실 속의 우리는 어떠합니까. 머릿속으로는 엄마에게도 나처럼 젊은 시절이 있었음을, 더 거슬러 엄마에게도 로맨스가 있었음을 모르지 않으면서도 어떻게 그것을 겪었을 것인지, 어느 지점에서 엄마에게 충만 혹은 결핍이 있었을지를 헤아려 본 적이 없죠. 부모의 성과 사랑을 헤아리는 것을 불경이라 생각하는 것도 있을 터이고 '엄마는 당연히…'라는 생각 속에서 마치 무욕과 희생의 존재인 양 생각하는 겁니다. 비현실적이죠. 사실 우리의 딸들 역시 우리를 그렇게 생각하고 있을 거예요.

엄마는 어떻게 아버지와 만나고 사랑했을까, 그리고 어떻게 나를 수태했을까, 엄마는 어떤 남자와 어떤 사랑을 했을까를 상상해 보면서 젊은 여성의 몸을 가진 엄마를 이해하고, 어쩌면 우리가 몰랐을지 모를 엄마의 아픔, 성차별과 무시 속에서 낮아져야 했던 자존, 이런 것들을 들여다볼 수 있지 않을까요.

그런 의미에서 엄마를 여자로 인식하는 것은 꽤 유의미하고 필요한 사유라고 생각합니다. 첫째, 나의 근원을 살펴보게 됩니다. 둘째, 엄마와 나의 관계를 동지적 관계, 연대와 유대의 관계로 생각하게 됩니다. 셋째, 엄마를 통해 나의 미래를 봅니다. 그래서 우리의 몸과 사랑을 살피면서 엄마를 살펴보자 하는 것이죠.

나의 엄마는 지금 할머니가 되어 있어요. 조금씩 늙어 가기 시작하는 나의 미래입니다. 만약 나의 엄마가 젊은 날 누리지 못한 축복이 있다면 그것을 어떻게 보상받으면서 잘 늙으실 수 있게 할까를 고민해 보는 것이 그냥 할머니로, 병원을 전전하면서 적당한 음식과 휴식을 보장받는 것만으로 사시게 하는 것보다 더 가치 있을지도 모르겠습니다.

그리고 엄마가 살아온 삶을 돌아보는 일이 곧 나의 미래를 헤아리는 일이기도 합니다. 김선우 소설 속의 딸은 그 일을 해내려 애씁니다. 어린 나이에 원치 않는 결혼과 출산을 강요받았던 엄마에게 진정한 사랑과 몸의 기쁨을 느끼게 하고 싶어 합니다. 그 염원이 참 간절합니다. 엄마를 진정으로 사랑한다는 생각이 들어요. 사실 우리가 쉽게 해낼 수 있는 영역은 아니잖아요. 하지만 이야기를 나눌 수는 있을 것 같아요. 내가 엄마의 젊은 날의 이야기를, 특히 그녀의 아름다운 사랑 이야기를 들어 줄 수 있는 관계여야 나와 딸의 관계 역시 그럴 수 있을 것 같습니다.

완경을 축복으로 여길 수 있다면

자, 이제는 나이 들어 가는 내 몸에 대해 이야기해 볼까요?

이유명호의 《나의 살던 고향은 꽃피는 자궁》과 고미숙의 《동의보감》 등 여성의 몸에 대한 고찰이 폐경을 완경으로 부르면서 여성 몸의 폐막이 아니라 새로운 인생의 시작으로 본 것은 획기적이면서도 건강한 시각이라고 생각합니다. 일찍이 30대 무렵 이 선배들의 글을 미리 읽어 둔 덕분에 바야흐로 완경에 즈음한 50대가 되어서 그런 비애를 느끼지 않고 살 수 있게 된 점 감사드려요.

고미숙은 완경이 여성의 우울을 부추기는 것은 여성성과 생산성을 잃는다는 두려움, 거기서 비롯된 '남자를 잃을지도 모른다'는 두려움에서 오는 것이라고 하네요. 저도 완경을 맞이하면서 이제 여자라는 굴레에서 벗어날 수 있겠다는 생각도 듭니다. 여성성 말고, 인간으로서의 자기라는 측면을 채울 수 있는, 육아와 출산으로 채우지 못했던 젊은 날의 결핍에 대한 보충이 가능한 시간이기도 합니다.

고미숙은 《동의보감》에서 '완경은 축복'이라고까지 말해요. 그리고 그는 여성의 완경기 이후 '공동체를 위해 지혜의 씨를 뿌리자'고 주장합니다. 앞의 강의에서 여러 차례 말씀드린 것처럼 진정한 모성애가 '내 아이'한테만 집약되어서는 안 되지만 내 아이 키우기 바쁠 때는 각자 자기 아이에게 최선을 다하는 것이 가장 큰 미덕일 수도 있어요. 모두 열심히 각자 자기 아이들을 건강하게 잘 키우는 것만으로도 우리 모두의 공생을 위해서도 필요한 일일 테죠. 하지만 이제 더 이상 키워야 할 어린 자녀가 없는 완경기의 여성이라면 우리의 성숙한 모성애를 다 큰 자녀에게 쏟지 말고, 또 손주 양육에 쏟지 말고 다른 집 아이들에게도 보였으면 좋겠어요.

고미숙은 '생리가 멈추면 지혜가 쌓인다'는 말을 하는데 생리와 상관없이 나이가 든 사람에게는 지혜가 쌓여야 마땅해요. 미야자키 하야오의 〈바람계곡의 나우시카〉에는 전형적인 '눈먼 현자'로 할머니가 나옵니다. 미래를 예언하는 지혜와 어린 지도자 나우시카에게 끊임없이 힘을 주는 존재, 공동체를 위해서 죽음을 두려워하지 않는 용기 있는 모습. 족장도 아니고 지도자도 아니지만 공동체의 가장 지혜로운 대안의 샘과 같은 존재입니다. 가정에서 훌륭한 어르신은 병들고 약하다고 소외되지도 않고, 가진 재산이 많아서 권력을 부리는 것이 아니라 어른으로서의 지혜 때문에 그의 말에 귀를 기울이게 되는, 진정한 정신적 지도자 역할을 하는 것이겠지요.

50대가 되는 것을 두려워 말라

통계로는 50대 여성의 행복지수가 가장 높다고 하네요. 자, 우리가 40~50대를 맞이한 이야기들을 좀 나누어 볼까요?

리처드 도킨스의 말대로라면 엄마나 딸은 나의 또 다른 자아일 것입니다. 나의 노화나 죽음이 딸로 인해 승화 극복이 된다고 위안이 되면 얼마나 좋을까요? 그러나 현실은 그렇지 않죠. 딸은 딸일 뿐이지 내가 아닙니다. 딸이 아무리 좋은 인생을 살아도 어머니의 결핍된 삶이 보충되는 것은 아니죠. 오히려 어떤 심리학자는 어머니와 딸의 관계에서도 경쟁 구도를 보기도 합니다.

다만, 어머니가 늙어 가는 모습을 보면서 나의 미래를 볼 수 있고요, 딸의 성장을 통해 나의 과거를 반추할 수 있잖아요. 그렇기 때문에 어머니나 딸은 내 모습을 비추는 거울이기도 하다고 생각해요. 그들에 대해 깊이 생각하고 많은 대화를 나누는 일은 곧 내가 나 자신을 들여다보는 일입니다.

언급하기 쉽지 않지만 우리 엄마들의 죽음에 대해 이야기를 해 봅시다.

엄마를 사랑한다면 엄마의 노년이 아름답고 그 죽음은 존귀한 것이 될 수 있도록 도와야겠지요. 신경숙의 《엄마를 부탁해》가 그렇게 '내 엄마의 상실 혹은 죽음'을 엄마 입장에서 이야기하게 했어요. 우리의 엄마들이 툭하면 '죽음'에 대해 이야기할 때 우리는 짜증부터 내죠? 사실은 살아온 날들보다 살날이 훨씬 적게 남았다는 생각에서 비롯된 두려움 때문에 자꾸 죽음을 언급하는 겁니다. '나 두렵다', '우주의 질서 앞에 참으로 외롭다'라고 말하는 겁니다. 물론 그걸 위로해 줄 대안은 우리에게도 없어요. 그러니까 우리는 짜증이 나는 거죠. 해 줄 게 없으니까.

그래도 이제는 조금씩 친구처럼 느껴지는 엄마에게 그런 두려움을 솔직하게 말하게 하고 위로해 주는 일들이 필요해요. 딸과 3대 모녀가 마주 앉아 그런 이야기를 나누는 시간도 많이 가졌으면 좋겠어요. 늙은 엄마와 늙기 시작하는 딸이 죽음의 공포와 노화에 대한 혐오를 서로 위무하면서 대화를 나누는 장면을 바라보고 자란 어린 딸들은 또 그렇게 세대의 한 바퀴가 돌 때 저와 마주 앉아 그런 대화를 나눌 수 있지 않을까요?

부모 세대의 죽음을 목격하면서, 내 또래 친구들의 병고, 노화를 지켜보면서 우리 마음속에도 서서히 '나의 죽음'에 대한 상념이 스며듭니다. 어떤 이는 4, 50대에 일찍이 세상을 뜹니다. 남의 일이 아닐 수도 있고요, 부모 세대에서 한두 분씩 세상을 뜨시는 걸 보면 다음 차례가 우리임을 몸으로 실감합니다. 어차피 죽음이 다가온다는 것은 다 아는 사실인데 그럼 어떻게 그것을 잘 맞이할 수 있을지, 사로잡히지는 말되 준비할 필요는 있겠지요.

엄마의 죽음을 생각함

2013년 무렵, 셸리 케이건의 《죽음이란 무엇인가》를 읽을 때만 해도 그저 죽음은 제게 '남의 일'이었습니다. 저는 이 책에서 제시되는 딜레마적 논제들은 토론 수업에 활용했습니다.

특히 '나는 누구인가'라는 정체성에 대해 많이 고민하는 우리 아이들에게는 꼭 죽음에 맞닥뜨리지 않아도 나의 몸과 정신의 정체를 생각해 보게 하는 명제를 많이 던져 주거든요. 아이들에게 이 책에서 제시한 몇 가지 질문을 던지고, 스스로 답하게 한 후 그것들을 모아 글을 쓰게 하고 두레별로 토론을 시켰어요.

- 영혼은 있을까?

- 나의 영혼은 무엇에서 오는 것일까?

- 육체와 영혼 중 무엇이 더 나의 본질일까?

- 나를 이루는 구성 요소는 무엇이 있을까? – 몸, 생각, 느낌, 감각, 직관, 경험, 판단, 습관, 주변 환경, 관계를 맺고 있는 친구나 가족, 장래에 대한 희망이나 계획, 사회적 지위, 매력, 전망….

- 지금의 나와 10년 전의 나는 같은 사람일까?

- 나는 죽은 후 어찌 될 것인가?

그러던 중, 이 책을 다 읽기도 전에 2014년 봄 세월호 참사가 일어났어요. 뉴스에서 만나는 무수한 죽음들…. 공감의 영역이 좀 더 치밀한 문학이나 영화에서의 죽음도 이렇게 피부에 와닿은 적은 없었어요. 아마도 단원고 아이들과 비슷한 또래의 자녀를 둔 사람들은 비슷한 경험을 했을 것 같네요. 억울하고 원통해서 하루에도 몇 번씩 통곡이 터져 나오는 기이한 경험을 100일도 더 했죠.

그리고, 그해 아버지가 돌아가셨어요. 10년 전 뇌경색으로 쓰러져 거의 육신만의 생명을 유지했던 아버지, 그러니까 진정한 아버지는 10년 전 돌아가신 것이나 다를 바 없을지도 몰라요. 뇌가 하얗게 죽어 달변의 혀를 묶어 버렸고 입으로 음식을 넘기지도 못하고 하루의 반 이상을 잠으로 보내야 했던 아버지를 바라보면서, 어쩌면 그는 당신만의 꿈의 영역을 무언으로 즐기고 있을지도 모른다는 상상을 했었어요. 낭만주의자였으니까…. 그러나 그런 상상은 곧 깨어졌죠. 뇌의 좌반구가 죽어 언어능력을 상실하면 그 언어로 할 수 있는 사고능력도 상실한다네요. 그러니까 아버지는 그냥 하얀, 아무 생각이 없는 나날을 살다 가셨는지도 몰라요.

세월호, 그리고 아버지

그렇게 아버지를 떠나보내고 가끔 생각합니다. 좋은 아버지, 다정한 아빠인 적도 없었는데 왜 이렇게 그립고 아쉬운 것일까. 이미 10년 전부터 대화도 나눌 수 없었던 아버지에게 무슨 미련이 있는 것일까. 그런데도 단지 다시는 그를 볼 수 없다는 사실 하나만으로도 가슴이 미어집니다. 죽음은 그런 것인가 봐요. 이 영원한 단절감이라니…. 49재를 지내고 돌아오면서, 아버지는 이제 진짜로 이승을 떠나셨대, 이렇게 우리끼리 이야기를 나누었지만 정녕 아버지의 영혼이 있어 어디론가 갔다면 그곳은 어디일까요?

자취방 치워 놓고 죽음을 생각함

누군가는 잘 죽는 게 잘 사는 거라고 말합디다. 어차피 죽을 거니까 기왕이면 열심히 살자고 말하는 사람도 있습니다. 많이 생각한다고 잘 죽는 것은 아니지만 예측할 수 없기 때문에 오히려 우리는 그저 살아가는 날에만 집중할 수 있는지도 모르겠다는 생각이 듭니다. 그래서 저는 죽음에 대해 많이 생각한 사람들이 더 잘 살 수 있다고 생각해요.

저는 스물네 살에 처음 교사가 되었어요. 강원도 삼척에서 5년 동안 자취를 했죠. 거의 주말마다 서울에 왔다 가곤 했어요. 그땐 대관령 아흔아홉 구비를 버스가 돌아 서울까지 다섯 시간이 걸리던 시절이었는데요, 위험한 길을 버스를 오래 타고 가야 하니까 늘 출발하기 전에 '죽을지도 모른다'는 생각을 했던 것 같아요. 20대 때는 죽음이 두렵지 않았어요. 신의 영혼으로부터 충분히 자유로울 수 있는 거의 유일한 시기라서. 오히려 결혼하고 아이를 낳으니까 죽지 말아야겠다는 생각이 들었던 것 같아요.

하여간 그때, 죽음은 상관없으나 죽고 난 후의 제 모습은 좀 정갈했으면 좋겠다고 생각했어요. 그래서 버스를 타기 전에 자취방을 좀 덜 부끄럽게 정리해 놓고 나오곤 했던 것 같아요. 제가 생각하는 가장 이상적인 죽음은 결핍이나 상실이 아니라 '소진消盡', 온전히 다 태우고 난 후의 충족입니다.

죽음에 대한 두려움이 없을 리는 없죠. 하지만 매 순간 열심히 살 때 죽음은 가장 덜 두렵습니다. 허무가 열정을 낳고 상실감 앞에서 가장 충만해진다, 죽음에 관한 제 개똥철학입니다.

이제 우리에게는 다음 한 강좌만이 남아 있습니다. 풀꽃 어머니 인문학 교실이 열린 목적을 다시 환기해 보아요. 이 모든 성찰은 결국 아이들을 어떻게 잘 키울 것인가를 목표로 합니다. 그래서 다음 시간의 주제는 '진정한 배움과 나눔'입니다. 아이들과 함께 읽으면 좋을 책들을 소개하려 해요. 영화 〈더 리더〉 보고 오시고 아이들과 함께 읽으면 좋은 책, 라헐 판 코헤이의 《바르톨로메는 개가 아니다》도 읽어 오시면 좋을 것 같아요. 다음 시간에 만나요.

에세이 쓰기

내가 맞이하고 싶은 나의 죽음은

나의 '엄마 이야기'

여자, 몸, 죽음

❶ 여자로 살아온 나에 대해 생각해 보기

내가 남자로 태어났다면 어땠을까?

여자라서 가장 힘들었던 일은 무엇이었나?

여자라서 좋았던 점은 무엇일까?

❷ 나의 몸, 나의 성(性)

나의 몸, 나의 성(性) 이야기하기

나에게 임신은 어떤 의미였을까?

나는 충분히 여성으로서의 나를 즐겼던가?

좋은 여성성, 좋은 모성은 무엇일까?

❸ 나의 엄마에 대해 생각해 보기

엄마의 젊은 날 상상해 보기

나와 엄마의 닮은 점, 다른 점 생각해 보기

딸과 나, 나와 엄마 연관 지어 생각해 보기

❹ 죽음에 대해 생각해 보기

40대(50대, 60대)를 맞이하는 나의 마음가짐은?

내가 맞이하고 싶은 죽음의 모습은 어떠한가?

나를 이루는 구성 요소들(몸, 생각, 느낌, 감각, 직관, 경험, 판단, 습관, 주변 환경,
관계를 맺고 있는 친구나 가족, 장래에 대한 희망이나 계획, 사회적 지위, 매력, 전망)
생각해 보기

나는 죽은 후 어찌 될 것인가?

학교에 오지 않는
아이들의 사연

차라리 외면하고 싶은 슬픔들이 일상에 비일비재하다.
세월호 청문회 소식을 보며 우리는 아직 더 깊이
슬퍼해야 한다는 생각이 들었다.

집으로 돌아오는 이면도로에서 차를 멈춰야 했다. 저 앞에 새 한 마리가 죽어 있었다. 도심 주택가에서 흔히 보기 어려운 직박구리 종류였다. 아마도 지나는 차에 치였을 것이다. 그런데 그 옆에 또 다른 새 한 마리가 차가 다가오는 것도 아랑곳하지 않고 사체 주변을 종종거리고 있는 게 아닌가. 친구이거나 짝지일 듯하다. 그 몸짓이 '어쩌지, 이걸 어쩌지…' 하고 황망해하는 것처럼 보였다. 그 녀석마저 사고를 당할까 봐 걱정되었지만 내가 할 수 있는 일이라고는 주변을 빙빙 돌던 그 새가 비켜 줄 때까지 한동안 기다렸다

지나가는 것뿐이었다. 가족이나 친구를 잃은 슬픔은 새도 다를 바 없는 것일까. 그 애도의 몸짓은 참 작았지만 며칠 동안 마음에서 사라지지 않았다. 새의 몸짓이 세월호 엄마들의 몸부림을 닮았다고 생각했다.

지난봄부터 가을에 걸쳐 딸은 고등학교 다닐 때부터 그토록 하고 싶어 했던 '아기 돌보기 봉사활동'을 다녔다. 입양되어 가기 전의 아기들이 머무는 곳이다. 일주일에 한 번씩 봉사활동을 마치고 올 때마다 딸아이 얼굴은 어두웠다. 서로 밥을 뺏어 먹는 아이들 때문도 아니고 한 무더기 뽑혀 오는 머리카락 때문도 아니다. 안아달라고 매달리는 아이들 때문에 체력이 달려서도 아니고 똥 기저귀 갈아 주는 일이 힘들어서도 아니란다. 엄마아빠가 없는 저 어린아이들은 봉사자들을 '이모'라고 부르면서 한없이 품에 파고든단다. 하지만 고작 일주일에 한 번 왔다 가는 많은 '이모'들에게는 책임지지 못할 스킨십은 자제해달라고 한단다. 딸아이는 엄마도 없이 아빠도 없이, 낯선 사람에게나마 사랑받고 싶어 매달리는 어린아이들이 안쓰러워 못 견디겠다고 했다.

열아홉 살 먹은 다 큰 여자아이가 혼자 앉아 '난 엄마도 있는데…' 하고 중얼거리며 한숨을 쉰다. 모성이 신성한 것은 그것이 생명을 돌볼 수 있는 엄청난 에너지의 근원이기 때문이다. 아직 어린 딸의 슬픔에서 그런 원천적인 생명력을 본다. 슬퍼할 줄 알아야 사랑할 줄 아는 것이다.

학교에 잘 오지 않는 아이들이 있었다. 3학년에 두 명, 2학년에 두 명, 그리고 복학해서 1학년에 다니는 아이 또 하나. 이 녀석들 사이에 다툼과 금품 갈취 사건이 생겨 선도위원회를 열어야 할지 말지 회의를 하게 되었다. 담임들이 전하는 그 아이들의 사연이 가관이다. 부모가 어렸을 때 이혼을 하고 엄마와 살고 있었는데 아이가 크면서 말썽을 피우니까 환경이 바뀌면 좀 달라질까 해서 아이에게 아빠한테 가서 살겠느냐고 물었단다. 그렇게 아빠에게 보내진 아이는 오랜만에 만난 아빠에게도, 새엄마에게도 적응하지 못하고 다시 엄마한테 왔다.

이런 비슷한 사연은 이제 하도 많이 들어서 화도 나지 않아야 하는데, 마음이 울컥해서 회의를 하다 말고 남 몰래 고개를 들어 천장을 쳐다봐야 했다. 이혼 가정에서 혼자 사춘기 아이를 키우는 엄마아빠들의 고충을 이해 못 하는 바는 아니다. 하지만 아이는 아이대로 상처투성이인데, 자기 스스로를 감당하지 못할 그 어린 나이에 양쪽 부모 모두로부터 '버림받은' 그 상처는 또 어찌 감당하란 말인가.

슬픔을 느끼지 말아야 하는 걸까, 외면해야 하는 걸까? 하지만 슬픔은 묻어 버린다고 사라지는 것이 아니다. 오히려 더 깊은 슬픔으로 나아가는 일만이 슬픔을 이기는 길이 아닐까.

'세월호'도 외면한다고 잊히는 게 아니다. 아직도 어디선가 매일 끊임없이 노란 리본을 만들어 사람들에게 보내는 어떤 엄마들이 있다. 아직도 추운 광화문에서 돌아가며 '상주'를 자처하고 밤을 지새우는 어떤 아빠들이 있다. 나는 무엇을 할 수 있을까. 할 수 있는 일이 가방에 노란 리본을 매달고 '기억교실'을 없애지 말아달라 청원서명을 하는 일밖에 없을지라도, 고개를 돌리지도 말고 흐르는 눈물도 닦지 말 일이다. 아직은 그렇다. 어쩌면 앞으로도 한참은 그래야 할지 모른다. 4.16 세월호참사특별조사위원회 1차 청문회 소식을 들으니 더더욱 '아직' 멀었다.

●

《시사인》 제433호(2016년 1월 5일)

10강

진정한
배움

10강 진정한 배움

더 리더^{영화} 공부 못하는 나라, 그들이 열공하는 이유^{지식채널}
바르톨로메는 개가 아니다, 무지한 스승^책

아이들의 가장 큰 과제는 '학업'이라고 말합니다. 어머니들이 가장 관심 있는 것도 아이들의 학업 성취죠. 그런데 무엇이 아이들에게 '진정한 배움'일까요? 그 답을 찾아가야 우리가 부모로서 어떻게 행동해야 할지 방향을 찾을 수 있겠지요. 무엇이 진짜 공부인지, 왜 공부를 열심히 해야 하는지를 고민하지 않고, 단지 결과만을 위해 공부하라고 강요하는 것은 아이들을 설득시키지 못합니다.

좋은 교육은 아이가 행복한 것이어야 하고 그러기 위해서는 엄마가 행복해야 한다는 것, 아이를 제대로 알고 엄마 스스로 제대로 알아야 집착이나 잘못된 교육에서 조금은 벗어날 수 있다는 것을 어머니인 우리들 스스로 알아 가야겠죠. 그래서 마지막 시간은 이제 '진정한 배움, 혹은 가르침이란 무엇일까'를 생각하는 것으로 마무리합니다.

많이 하는 게 진짜 공부는 아니다

스티븐 달드리가 감독한 영화 〈더 리더〉 이야기를 해 봅시다. 이 영화를 통해 홀로코스트의 아픔을 읽을 수도 있고 도대체 깊이를 알 수 없는 인간 정신의 심연을 고민할 수도 있어요. 사랑이라는 것의 정체를 생각해 볼 기회도 될 것이고요. 그러나 제가 이 작품을 교재로 꼽은 이유는 단 하나예요. 영화 후반에 주인공인 한나가 결국은 인생의 숙원이었던 글자를 깨우치게 되는 과정을 보는 순간의 충격 때문이었어요.

감옥에 있는 한나가 문맹이었다는 것을 뒤늦게 알게 된 미하엘은 둘이 사랑할 때 읽어 준 책들을 녹음해서 책과 함께 보내 주고, 한나는 그것을 들으면서 책 속의 글자를 하나씩 익혀 가요. 영화는 공부라는 것이 이렇게 자신의 간절함을 바탕으로 할 때 강렬한 성취가 가능하다는 것을 보여 줍니다. 이때 미하엘은 한나를 가르치지 않았어요. 미하엘의 모습을 보면서 이상적인 교사의 역할에 대해 고민해 보게 돼요. 교사는 일방적으로 설명을 하고 이해시키는 사람이 아닙니다. 학생이 배우고자 하는 바가 무엇인지 촉발하는 역할, 그것을 잘 익히기 위한 가장 적절한 장치들을 마련해 주는 것이 교사의 일이죠. 교사로 30년 가까이 누군가를 '가르쳐' 왔다고 생각한 스스로에게 영화 속 장면은 충격이었어요. 나는 아이들의 간절함을 읽

어 내고 촉발하는 사람이 되지 못한다면 결코 교사도 스승도
아닐 것이라는 자각.

한나는 글자를 다 깨우치자 스스로 죽음을 선택해요. 문맹
을 벗는 일이 그녀에게는 자존을 찾는 일이었어요. 문맹 때문
에 유대인 학살의 책임을 뒤집어쓰고 감옥에 가면서까지 지키
려 했던 자존은 그렇게 되찾습니다. 자기 인생의 최종 목적을
이루자 더 이상 살아야 할 이유도 없어져요. 허무한 결론처럼
보이지만 어쩌면 진짜 인생의 철학을 담은 건지도 모르겠어요.
온전히 다 채우면 더 이상 미련을 가질 일 없는 것. 죽음이란 게
삶의 절망에서 선택하기도 하지만 때로 삶이, 이루지 못한 것에
대한 집착 때문에 무의미하게 지속될 때도 있으니까요.

그녀가 글을 깨우치는 방법

라헐 판 코헤이의 《바르톨로메는 개가 아니다》에도 비슷한
장면이 나옵니다. 이 책은 장애아에 대한 인식을 바꿔 주고 아
이들의 인권의식을 높여 줄 수 있는 좋은 책이지만 역시 제가
주목한 장면은 바르톨로메가 글을 배우는 장면이었어요. 아버
지 눈을 피해 빨래 바구니 속에 숨어서 수도사에게 글을 배우
러 갈 때 엄마와 형제들의 도움은 적극적이에요. 그들은 바르
톨로메에게 무엇 하러 글을 배우느냐고 핀잔을 주지 않아요.

열정은 명민함을 만나 바르톨로메 안에 숨어 있는 빛을 돋워 주지요. 그리고 그 곁에는 힘을 합쳐 주는 연대의 힘이 있어요. 배움이란 무릇 이러해야 합니다.

랑시에르의 《무지한 스승》을 보면 서로의 말을 알지 못하는 프랑스 교사 자코토와 프랑스어를 알지 못하는 네덜란드 학생들이 만나요. 학생들은 결국 대역판을 놓고 스스로 프랑스어를 깨우쳐 갑니다. 이 책을 보면서 우리 아이들에게 과연 저런 과정이 가능할까 하는 회의가 들어요. 무슨 차이일까요? 우리 아이들에게는 한나나 바르톨로메, 프랑스어를 공부하는 네덜란드 학생들 같은 간절한, 그렇게 공부해야만 하는 동기가 없는 것입니다. 진정한 공부는 본인의 열망에서 비롯될 때 가장 빛을 발합니다. 비슷한 이야기는 EBS 지식채널 〈그들이 열공하는 이유〉에서도 볼 수 있습니다.

핀란드가 어떻고 미국 교육이 어떻고 하면서 지금 우리 교육의 탈출구를 찾기 위해 많은 대안을 모색하고 있습니다만 어떤 방식을 들여와도 이 땅에서는 안 될 겁니다. 우리 삶의 목표가 나와 내 가족만 잘 먹고 잘사는 것에 불과한 이상은 말입니다.

평등한 자들의 공동체

'평등한 자들의 공동체'에 대한 존중과 이해가 전제되고, 거기서 자기가 진정 원하는 것을 위해 노력하는 자들이 존중받는 세상이 아닌, 머리와 글로 하는 공부만을 성공의 열쇠로 삼는 세상에서는 진정한 공부가 가능하지 않을지도 모릅니다.

우리나라 고속도로에 하이패스가 도입되면서 일자리를 잃는 사람들이 많아졌다고 해요. 독일에서는 일부러 지하철 등에 매표 창구를 자동화하지 않는다고 하네요. 일정 수준 인간이 일을 해야 할 자리를 남겨 두도록 하는 법안을 마련한답니다. 일자리 창출은 사람을 존중하는 마음가짐에서 나오는 것이겠지요. 랑시에르는 평등한 공동체라는 게 과연 가당키나 하냐는 주장에 대해 이렇게 말합니다. "사실 우리는 인간이 평등하다는 것을 모른다. 우리는 인간이 '어쩌면' 평등하다고 말한다. 그것은 우리의 의견이다. 그리고 우리처럼 그 의견을 믿는 자들과 함께 우리는 그것을 입증하려고 노력한다. 그러나 우리는 이 '어쩌면' 덕분에 인간 사회가 가능하다는 것을 안다."

공부 못하는 학교

그리고 끊임없이 위와 같은 문제 제기를 멈추지 말아야 한

 교사와 부모 사이

다고 주장합니다. 지식채널 〈공부 못하는 나라〉에서 독일은 '공부 좀 못하면 어떤가?' 하고 물어요. 학업 성적이 높아야 하는 이유는 무엇인가요? 잘사는 나라를 만들기 위해? 그럼 잘사는 나라를 왜 만들어야 하는 거죠? 행복하려고요? 그래서 대학 진학률이 높고 아이들 학업 성적이 높은 우리나라는 행복한가요? 아니, 잘살기는 하는가요? 결국은 몇몇 소수의 잘사는 사람들이 자기들 더 잘살기 위해 만들어 놓은 이데올로기에 우리 모두 놀아나고 있는 것입니다. 아무도 행복하지 않은 나라, 공부 잘하는 아이도, 중간인 아이도, 못하는 아이도 모두 불행한 나라가 여기 있어요. 교실에서 아이들은 모두 공부가 힘들다고 하는데 엄밀히 말하면 공부가 힘든 게 아니거든요. 공부하지 않으면 죽을 것 같은 압박감이 아이들을 불행하게 만드는 건데, 이거 공부 못하는 아이들만 느끼는 거 아니에요. 중상위권 아이들은 그들대로 올라가지지 않는 상위권 세상에 대한 결핍 때문에 불행하고요, 최상위권에 있는 아이들은 그 초조함에 더 미세한 고통을 느낀답니다. 그러니까 80점짜리 학생들이 90점대로 올라갔으면 하는 바람이 간절하다면 최상위권 아이들은 0.5점 차이로도 불행감을 느낀다는 거예요. 교실에서 아이들은 '학업'이라는 측면에서 그 누구도 행복하지 않아요. 꼭대기에 올라 있는 아이들에게는 낭떠러지만 보여요. 아이들을 그렇게 낭떠러지 맨 아래, 혹은 맨 꼭대기에, 혹은 중간에 밧줄로 대롱대롱 매달아 놓고는 입시를 위해 매진하라 가르치는 것이 과연 올바른 교육인지 어른들 스스로 물어야 할 때입니다.

어느 봄날 나는 정원에서 우연히 나비의
누에고치를 발견했다.
다가가서 보니 고치의 한쪽에 작은 구멍이 뚫리면서
나비가 막 빠져나오려 하는 순간이었다.
나비는 아주 천천히 그 작은 입으로 고치집을 헤치고
밖으로 나오고 있었다. 그러기엔 너무나 오랜 시간이
걸릴 것 같았다. 그래서 나는 나비가 빨리 나오도록
누에고치에 대고 입김을 불어 주었다. 온기를 받아 나비의
작업이 한결 쉬워지게 하기 위해서였다.
나비는 갑자기 따뜻해진 기운을 받아 얼른 고치를
빠져나왔다. 그리고 나비는 나오자마자 나의 손바닥
위에서 죽고 말았다.

- 니코스 카잔차키스의 자서전 중에서

아이들이 지쳐 쓰러지게 두어서야

엄마들이 이건 아니라고 말해야 하는 이유가 거기에 있어
요. 아이들이 지쳐 쓰러지지 않도록 막아 줘야 하고, 적어도 엄

마 스스로 아이가 지치도록 채찍질하는 사람이 되어서는 안 되죠.

사실 좋은 세상이라면 엄마들이 자기 자식들만 잘 갈무리하면 사회의 평화가 유지될 수 있을지도 모릅니다. 그러나 세상이 막 돌아가고 있다면 내 자식만 잘 자라도록 바라는 모성이 오히려 독이 될 수도 있어요. 권력이나 힘이란 게 진짜 그것을 가지고 있는 사람들에 의해 휘둘러지기도 하지만, 권력을 지녔다고 '믿어지는 자'에 대한 두려움과 부러움, 즉 환상 속에서 극대화되기도 하지요? 여기서 대부분의 사람이 느끼는 열패감은 경쟁을 더욱 치열하게 만들죠.

모성은 힘이 세다고 하지만, 자기 자식을 살리기 위해 진정 '슈퍼맨의 파워'를 발산할 수 있을 정도의 힘을 가진 모성이라면 그 힘을, 자기 자식을 채찍질하고 다른 자식들을 밀어내는 데 써서는 안 됩니다. 우리 머리 위에 뒤덮인 거짓 이데올로기를 걷어 내는 데에 그 모성 파워를 써야 할 것입니다. 평등의 공동체, 나눔으로써 배우는 세상, 무지해서 부끄러운 게 아니라 지식을 잘못 써먹어서 부끄러운 세상을 인식하는 그런 올바른 배움의 세상으로 나아가는 데에 써야 그것이 진정한 모성애인 것이죠.

제가 아이들에게 사용한 '교육 방식'은 두 가지입니다. '대화'와 '독서'. 독서라는 것도 치밀하게 계획적으로 착착 진행되는 어떤 방식을 가진 것이 아니었고요, 마당에 멍석을 넓게 깔

아놓고 여기저기 옥수수며 감자며 놓아 두고 배고플 때 알아서 먹게끔 하듯이, 그렇게 책 읽기를 해요. 죽어도 안 읽겠다고, 책만 보면 멀미가 난다는 녀석들도 억지로 끌어다 읽게 할 수는 없었거든요. 그런 아이들은 책이 아닌 자기들만의 세상을 만나는 방식들을 또 스스로 터득해 나가더라고요. 독서는 세상의 즐거움을 알게 하는 많은 통로 중 하나일 뿐 그것만이 유일한, 최고의 방법이라고는 생각하지 않으니까요.

> 문제는 식자를 만드는 것이 아니다. 문제는 스스로
> 지능에서 열등하다고 믿는 자들을 일으켜 세우고, 그들을
> 그들이 빠져 있던 늪에서 빼내는 것이다. 무지의 늪이 아니라
> 자기 무시의 늪, 이성적 피조물로서의 자기에 대한 즉자적
> 무시의 늪에서 말이다. 문제는 해방된 인간들과 해방하는
> 인간들을 만들어 내는 것이다.
>
> - 무지한 스승, 194쪽

역사, 무한 반복, 불멸의 고통일까 《피터 히스토리아》

'중학생에게 만화라니!'라는 편견을 버리시고, 세계사, 그것도 관점이 있는, 즉 생각할 줄 아는 아이로 키우고 싶은 분이라

면《피터 히스토리아》를 권합니다. 중학교 2학년 남학생들이 앉아서 심각하게 이 미완으로 끝난 만화책의 에필로그를 아쉬워합니다. 주인공인 피터는 불멸의 소년이에요. 다시 태어나고 또다시 태어나면서 세계사의 중요 장면들을 다 겪습니다. 말이 불멸의 소년이지, 가족을 잃고 터전을 잃고, 그 고통이 한 대에 끝나지 않고 시대를 반복해 살아가야 한다면 그런 불멸을 누가 누리고 싶을까요. 하지만 단지 무한 반복되는 비슷한 삶의 유형만은 아닌 것이, 피터의 몸은 소년이로되 의식은 자기가 살아온 수천 년의 세월만큼의 지혜로 채워집니다. 그러면서 피터는 역사에 대해 '몸으로 체득한' 가치관을 갖게 되죠. 가진 자들의 욕심과 그에 짓눌리는 대다수 민중의 삶은 고통이며, 그것을 그저 감내해서는 안 된다는 것, 진정한 자유를 찾아 '몸부림'이라도 치는 것이 참다운 '사람'의 삶이라는 것, 그리고 그것이 역사라는 그런 생각들을 차곡차곡 쌓아 나갑니다.

2권에서, 소설《올리버 트위스트》의 아동수용소에 올리버와 함께 등장한 피터는 자기가 어느 시대 어느 장소에 와 있는지 깨닫는 순간 절망에 휩싸여 외칩니다.

"또 노예야!"

이 소년의 역사적 사명이 그와 같은 소년, 소녀들의 자유 영혼을 일깨워 주는 것이라 할지라도 매 생을 가장 약자인 계급으로 태어나 살아야 한다는 것은 참 잔인한 일 아닙니까. 새로 맞이한 생은 노예라는 계급이 없어진 산업혁명 시대이지만 빈

부격차가 심해지는 자본주의 발아 시대에 빈자의 자식은 노예나 다름없는 약자 중의 약자이죠. 수천 년 가장 약체로 거듭 살아온 피터는 지긋지긋했을 것입니다.

21세기, 피터가 한국에 부활한다면

그런데 왜 《피터 히스토리아》 3권은 나오지 않는 걸까요? 만약 피터가 여전히 지치지 않고 역사를 헤쳐 나가는 불멸을 살고 있다면, 혹시 피터가 21세기 한국에 와서 성인으로 살아간다면 그는 공장에서 노동자로 살아가며 "아, 아직도 노예란 말인가"라고 외치지나 않을까 싶어요. 필자는 피터를 백혈병에 걸린 삼성반도체 노동자로, 아니면 노동자의 권리를 외치며 크레인이나 전광판 높은 곳으로 올라간 이들로, 스크린 도어를 고치다가 스러진 김군으로 그려야 했을지도 모르겠습니다. 아니, 소년 피터는 21세기 대한민국의 어느 학교에서 '야자'를 거부하고 뛰쳐나가면서 "난 자유로울 테야!"라고 외칠지도 모르겠네요.

이 책과 더불어 《태일이》, 《26년》, 《신과 함께》 그리고 《미생》도 우리 학교 사춘기 청소년들이 진지하게 좋아하는 만화들입니다. 최근에는 《엄마 냄새 참 좋다》도 좋았습니다. 일제강점기부터 한국전쟁, 그리고 지금까지의 이북 피난민의 삶을 통해 우리나라의 미시 역사를 보게 하려면 《내 어머니 이야기》도

좋고요, 올해가 3.1운동 100주년이니 《35년》이나 《나는 여성이고, 독립운동가입니다》도 권합니다.

다 큰 아이들에게도 그림책을 《연어》

안도현의 《연어》에는 '어른을 위한 동화'라는 부제가 붙어 있습니다. 저는 이 책에 생텍쥐페리의 《어린 왕자》만큼의 점수를 주고 싶어요. 《어린 왕자》에 비해 너무 교훈적이라고 비판한다고 해도 할 수 없어요. 그것이 교훈일지라도 삶을 호도하지 않고 이렇게 힘을 주는 교훈을 어디 가서 쉽게 얻을 수 있을까 싶어요.

사람들이 연어들을 위해 만들어 놓은 편안한 물길을 애써 버리고 폭포를 거슬러 올라갈 길을 선택하면서 은빛 연어는 이런 말을 합니다. '우리가 쉬운 길을 택하기 시작하면 우리의 새끼들도 쉬운 길로만 가려고 할 것이고, 곧 거기에 익숙해지고 말 거야…. 우리가 지금, 여기서 보내고 있는 한순간, 한순간이 먼 훗날 우리 새끼들의 뼈와 살이 되고 옹골진 삶이 되는 건 아닐까?'

고난을 이겨 내는 힘과 강인한 의지, 진지한 삶의 태도도 유전이 된다고 믿고 싶네요. 그렇기만 하다면 더 열심히 살아 내

아이들과 손자들에게 이 삶의 가볍지 아니한 가치를 고스란히
알아챌 수 있는 능력까지도 물려주고 싶어요.

침묵을 지킬 수는 없었니 《마지막 거인》

　프랑수아 플라스의 《마지막 거인》은 그림책이라기보다 예
술책이라고 해야 할 것 같아요. 그림과 서체와 디자인의 그 뛰
어난 감각으로 하여 읽고 난 후 자신의 품격이 높아짐을 느끼
게 하는 책입니다. 그러나 이 책은 단지 아름다운 그림으로 '우
아함'을 떠는 책이 아닙니다. 거인의 모습은 동양의 가난한 거
리 성자들의 외모를 닮았어요. 그림으로 그들의 그윽한 눈빛과
밝은 표정을 조화시킨 것도 놀라워요. 그들에게는 인간이 이해
하기 어려운 우주의 질서와 별빛의 목소리가 있고 그런데도 함
께 뒹굴고 놀며 작은 것에 따뜻할 줄 아는 넉넉하고 여유 있는
유머 감각이 있어요. 도대체 그 거인은 누구일까요?

　거인의 종말을 서양의 아시아에 대한 신비주의와 점령, 그
리고 파괴로도 읽을 수 있고 자연에 대한 인간의 침탈로 해석할
수도 있어요. 이제는 거의 사라지다시피 한 인간 근본에 대한
우주적 탐구와 성찰의 자세로 해석할 수도 있고요. 학생들은
그 답을 알아냈을까요? 저는 제 생각을 말해 주지 않았지만 소

년들의 눈빛은 잠시나마 답을 헤아리려 진지했다는 말씀을 전합니다.

문화가 아름다운 나라 《행복한 청소부》

모니카 페트의 《행복한 청소부》도 그림만으로도 너무나 예쁜 책이지만 문화에 대한 우리의 태도를 돌아보게 하고 진정한 공부는 어떠해야 하는지를 성찰하게 하기 때문에 어른들도 꼭 읽어야 할 책이라고 생각해요.

거리의 표지판을 청소하던 청소부 아저씨는 어느 날 고민하기 시작합니다. '내가 오늘 닦은 '바흐'는 어떤 사람이지? 난 그가 누군지도 모르면서 열심히 닦았구나….' 그리고는 바흐에 대해 찾아보고 그의 음악을 들어 봅니다. 또 다른 날 '괴테의 길'의 표지판을 닦고 그의 작품을 찾아 읽습니다. 그렇게 쌓아 간 문화적 교양은 표지판을 닦으면서 거리의 사람들에게 들려줍니다.

누구의 눈치도 살피지 않고 진심으로 더 알고 싶은 무언가를 위해 기쁜 마음으로 음반을 사고 음악회를 가고 전시회를 찾아가는 청소부의 뒷모습이야말로 진정한 '문화'와 '교양'의 얼굴이라고 생각합니다.

우리가 사는 이 땅에서도 온종일 자동차 정비를 하고 돌아

와 기름 묻은 손을 씻고는 따뜻한 저녁 식사 후 한 줄 시를 읽을
수 있는 행복한 제자들을 키우는 게 제 꿈입니다.

착한 동구처럼 크기를… 《나의 아름다운 정원》

동물들은 나약한 새끼를 버리고 강한 놈만 키우기도 한다
지만 인간은 이성과 영혼으로 약하고 병들고 못나 빠진 것들도
품습니다. 인간의 영혼이 맑고 아름다운 것은 그의 재능이나
강함, 능력과는 무관하기 때문입니다.

심윤경의 《나의 아름다운 정원》 속 주인공 동구는 착한 아
이예요. 좀 더 깊게 말하면 영혼이 아름다운 아이, 사려 깊고 어
른스러운 아이, 따뜻한 아이입니다. 인간이 갖춰야 할 최고의
가치를 지닌 동구는 이른바 지진아예요. 타고난 것인지 가정불
화로 인한 스트레스가 아이의 지적 능력의 발달을 막았는지 불
명확하지만 동구는 '기초학력 부진아'입니다.

동구의 성장에는 3학년 때 만난 아름답고 따뜻하고 똑똑한
담임 박 선생님과 그의 유년기를 상징하는 '정원'이 큰 몫을 차
지합니다. 누구나 삶의 어느 계단에 서서 오르거나 내려야 할
때가 되면 버리고 이별해야 할 것이 있지요. 가슴에 묻고 대문
을 걸어 잠가야 하는 자기만의 정원. 동구는 자신의 그러한 내
면을 최선을 다해 읽어 주는 선생님과 자신의 내면의 정원을 통

     교사와 부모 사이

해 성장합니다. 비록 학교에서는 지진아였을망정 삶의 성장 과정에서는 자기가 간직해야 할 것과 인제 그만 접어야 할 것을 잘 아는 아주 성숙한 아이예요.

제게도 동구 같은 제자들이 많아요. 그 아이들이 졸업할 때, "너처럼 착한 녀석들이 잘 살 수 있는 세상이란 걸 꼭 보여 줘야 한다" 그렇게 당부합니다. 확신하기 어려운 불안한 기원일지도 모르지만 그럼에도, 자신의 죄 아닌 가난과 무능력이 그들을 방외자로 만들지 않기를 간절히 기원합니다.

알바하고 연애하는 고딩들, 힘내라《나는 죽지 않겠다》

저의 제자 이야기입니다. 한 달 120만 원 받는 백화점 안전요원으로 취직을 했답니다. 12시간 근무에 최저임금 겨우 주는데, 쉬는 시간도 거의 없고 너무 힘들어서 그만두고 싶은데 4대 보험비 미리 다 떼어 두었다가 6개월 이전에 그만두면 그도 안 돌려준다 했다고 나가지도 못한답니다. 다른 알바를 구하려 해도 구하러 다닐 시간조차 없대요. 그렇게 한 학기 휴학해서 벌면 겨우 한 학기 등록금이 나와요. 이렇게 한 학기씩 쉬어 가며 언제 대학 졸업을 하느냐고 절망합니다.

"그래도 희망이 있잖아" 이렇게 문자 보내 놓고 그 단어가 참 미안했던 나에게 녀석은 "희망이란 말 오랜만에 들어요, 고

맙습니다"라고 답했어요. 아이에게 근사한 알바 자리를 구해 주거나 장학금을 줄 수 있으면 얼마나 좋을까, 하다가 이 아이들을 잘 살아가게 하는 정말 좋은 방법은 무엇일까를 고민하다가, 그렇게 밤을 뒤척였네요.

공선옥의 작품은 제 제자와 비슷한 중고딩들 이야기를 묵직하게 품고 있지만 무겁기만 한 건 아니에요. 알바하면서 만난 민수와 연주, 두 아이가 연애하는 이야기는 참 재미있습니다. 사람을 착하게 하는 힘이 있는 연주나 아무리 애를 써도 여자친구 생일선물은커녕 자기 용돈조차 벌기 어려운 민수, 살기 팍팍한 아이들이지만 비뚤어지거나 다른 사람을 비아냥거리지 않아요. 소설이 위선을 떤다고 생각하시나요? 저는 요즘 청소년 소설들이나 아이들의 겉모습이 오히려 위악을 떨고 있다고 생각해요. 사실 대부분의 아이들은 자신을 좀 더 올바른 사람으로 끌어올리기 위해 노력하며 살고 있거든요.

왕따와 학교 폭력을 바라보는 시각 《아름다운 아이》

장애아에 대한 편견을 버리려는 공적, 교육적 노력은 지난하고 쉽게 성과를 거두기가 어렵습니다. 한국에서 그런 최선을 다한 노력이 있었는가 돌아보면 부끄럽긴 하지만 말이죠. 그런데도 끊임없이 노력해야 하는 일이 편견과 맞서 싸우는 일일 것입니다. 누군가의 편견에 시달림을 당하는 사람이 바로 나 자신일 수도 있다는 사실을 인지하고 다른 이를 배려하려는 태도를 갖는 일 말이죠. 단지 장애아를 둔 부모라는 이유로 무릎을 꿇고 빌어야 하는 세상은 적어도 아니어야겠습니다.

친절과 배려가 사회의 문화로 자리 잡은 미국에서도 여전히 장애아들의 삶은 쉽지 않나 봅니다. 지독한 안면 기형을 가진 오기는 줄리안 같은 악동들의 괴롭힘을 받으면서도 잭이나 서머처럼 먼저 다가와 주는 친구들이 있어서 그나마 고통을 덜받을 수 있어요. 이 책을 읽으면 거의 늘 해피엔딩으로 끝나는 할리우드 영화가 떠오르는데 하여간 마음 행복하게 읽을 수 있어서 좋습니다.

우선, 오기의 학교나 이웃 사이에서 겉으로나마 당연히 여겨지는 일이 있어요. 장애인이라고 오래 쳐다보거나 놀리면 부도덕하게 여겨지는 일입니다.

그리고 이 책 속에는 지혜로운 교사들, 특히 교장의 활약이 눈에 띕니다. 교장의 모습에는 권위주의가 없고 친절하고 지혜로워요. 한국의 어떤 교장이라면 오기 같은 장애아가 학교에 들어오려 하면 온갖 핑계를 대며 입학을 거부할지도 모릅니다. 받아들였다 하더라도 그 아이가 학교에 잘 적응할 수 있도록 학생부 교사나 담임 교사에게 '신경 써서 잘 돌보라'고 지시는 할지 모르지만 교장 스스로가 아이 손을 잡고 격려하거나 직접 대화를 나누려 할까 싶네요. 수련회 야외 영화관에서 교장이 아이들과 같이 앉아 〈사운드 오브 뮤직〉 영화를 보는 장면을 보고 무척 부러웠어요. 프로젝트식 수업을 통해 아이들이 직접 뭔가를 해 보는 수업 장면도 좋았어요. 오기와 친구들은 프로젝트가 힘들다고 투덜거렸지만 '이집트'가 주제였을 때에도 과학 발표대회 때에도 핼러윈 축제 때도 아이들은 스스로 뭔가를 준비하고 발표하고, 또 그 자리에 부모나 가족이 늘 함께해요. 하지만 발표 준비를 할 때 부모가 대신해 주거나 학교에 입김을 불어 넣지는 않아요.

일진의 개과천선, 실화냐?《주먹을 꼭 써야 할까?》

《주먹을 꼭 써야 할까?》의 주인공인 종훈이는 학교 폭력 가해자예요. 학교 1짱으로 학교생활도 제대로 하지 않고 아이들을 괴롭히면서 자기 존재감을 확인하는 아이죠. 왕따 피해자 입장에서 그들의 고통을 토로하는 책, 어떻게 그들의 상처를 감쌀까를 거론하는 책은 많이 있었지만 이렇게 가해자 입장에서 그 속을 들여다보는 책은 많지 않은 것 같습니다.

요즘 언론이 학교 폭력을 일으킨 아이들을 감옥으로 보내

극한 처벌을 하자고 여론몰이를 하는 모습은 심히 우려스러워요. 그런 가해자들도 사실은 보듬어 안고 가야 하는 우리의 아이들이에요. 그들을 두둔하자는 말이 아니고 그렇게 못된 행동을 하게 된 데에는 어른들의 책임이 크다는 것, 그 아이들의 상처가 폭력으로 왜곡되어 나타났을 수 있다는 것, 그리고 그 아이들은 우리가 범죄자로 낙인찍어 어디론가에 버릴 아이들이 아니라는 것을 말하고 싶은 겁니다.

얌전하게 '짜져' 지내며 왕따 피해자의 위치에 서 있던 종훈이 어느 날 갑자기 신체적 성장을 겪으면서 그동안 억눌렸던 감정이 폭력적으로 변하는 것은 결코 소설적 비약이 아닙니다. 왕따를 오래 당하는 아이들은 그 분노의 감정이 안에 내재되어 있어 또한 폭력적으로 변하기도 해요. 괴성을 지르거나 울부짖거나, 힘이 약한 대신 샤프펜슬 같은 것으로 주변 아이들을 공격하기도 해요. 또한 가해 학생들도 또 다른 자신의 조직에서는 더 강한 존재에게 피해를 보는 피해자인 경우가 많아요. 그런 고리를 이해하지 못하고 모두 죽일 놈 취급을 해서야 학교 폭력 문제는 절대 해결되지 않습니다.

책 속의 종훈이는 행운아예요. 인생의 멘토를 만나죠. 지혜로운 데다 힘도 센 방과 후 수업 강사 택견 사범이 바로 그인데 몸의 논리도 잘 알고 아이들 심리도 잘 읽는 사람이에요. 자기 자신이 폭력의 세계를 극복한 경험이 있어 더더욱 완벽한 멘

토 역할을 할 수 있었어요. 하지만 모든 아이가 이렇게 정신적
인 지도자나 따스한 보호자를 만날 수는 없다는 것이 안타까
운 현실이죠. 이 책을 많은 교사, 어른들이 읽고 어떤 아이인가
의 '사범님'이 되어 줄 수 있다면 참 감사할 일입니다.

　　사범은 아이들 사이에서 사이버 폭력 사건이 터지자 자기
위시 감정을 스스로 알아채게 하려고 '청소년이 인터넷에 폭력
동영상을 올리는 이유 알아내기' 과제를 내 줍니다. 또한 아무
리 책 읽는 것을 싫어하는 아이라도 재미있게 읽을 수밖에 없는
두 소설 《우리들의 일그러진 영웅》과 《우상의 눈물》을 읽게 하
고 토론하게 해요. 사범은 소설 내용을 요약해 주거나 그러므
로 너희는 어떠해야 한다는 훈계가 아니라 '폭력의 폭력성'을 종
훈이 스스로 깨닫게 합니다.

전복적 사고로 돌아보는 학교 《환상비행》

　　책 속의 단편 〈가해자〉는 학교 폭력에 관한 이야기인 것처
럼 보이지만 반전이 대단합니다. 얼핏 보면 피해자처럼 보이던
아이가 사실은 교묘하고 악랄한 가해자일 수 있음은, 학교에서
아이들을 늘 접하고 있는 사람 입장에서 매우 공감이 되는 대
목이에요. 소설 속에서야 진짜 가해자가 누구인지가 명확하게
드러나고 끝나지만 사실 학교 폭력의 먹이사슬은 복잡하기 짝

이 없거든요. 아이들은 모두 가해자이면서 피해자일 수도 있어요. 또한 아이들 관계만 보면 가해-피해가 명확할지라도 가해자인 아이가 살아온, 살고 있는 환경을 살펴보면 또 다른 원인이 있을 수 있기에 '가해자'라는 명명에 대해 다시 생각해 봐야해요.

〈무궁화꽃이 피었습니다〉라는 단편에서 작가는 '나라꽃을 피우기 위해 가만히 있어야 하는 게임'이라고 '무궁화꽃이 피었습니다' 놀이를 재해석해요. 그리고 이것을 세월호의 '가만히 있으라'는 메시지에 연결합니다.

많은 이들은 세월호 참사를 우리 사회, 우리 정치의 상징이자 비유이자 묵시록으로 읽었죠. 아마도 아주 오랫동안 이것은 교육 담론으로, 정치 담론으로, 시대의 비유로, 위선자들에 대한 비판으로 해석될 것입니다. 사람들은 세월호로 비극과 절망을 읽었지만 이경화는 '가만히 있'지 않고 거리로 뛰쳐나오는 학생들, 의경들로 뒤집어보려 애씁니다.

〈GD 240〉은 동성애자에 대한 편견을 뒤집는 소설입니다. 《이갈리아의 딸들》을 떠올리게 합니다. 동성애자가 마이너리티인 현실을 뒤집어 오히려 이성애자가 소수자 취급을 받는 세상을 만들어 놓은 〈GD 240〉은 읽고 나면 누구든 어떤 이유로든 소수자, 약자가 될 수 있음을 생각하게 돼요.

자애롭기에 용감한 엄마가 되려면

아이들 공부에 앞서 엄마의 공부가 중요합니다. 엄마가 유능해야 합니다. 학원이나 입시 정보에 빠삭한 유능함을 말함이 아닌 거 잘 아시죠? 〈한비자〉에 보면 '자애롭기 때문에 용감하다'는 표현이 있습니다. 우리에게도 '어머니의 능能한 사랑'을 노래한 박노해의 〈거룩한 사랑〉이라는 시가 있습니다.

막일 다녀오신 어머니가 야채 다듬어 준 대가로 얻어 온 퍼런 배추 겉잎으로 김치와 국을 만들어 주셨다는 내용인데, 박노해는 '성聖은 피血와 능能'이라 말합니다. '사랑은 가진 것이 없다고 무능해서는 안 된다'고 말이죠.

내 아이만 사랑하는 사랑은 사랑 아님

사랑은 모든 것 중 최고의 가치라고 하지만 능력 없이 절실한 사랑만으로 이룰 수 없는 것이 너무 많습니다. 그래서 우리 엄마들은 아이들을 잘 키울 수 있는 능력을 기르기 위해 열심히 공부할 필요가 있어요. 엄마들이 더 똑똑해지고 지혜로워질 필요가 있다는 겁니다. 그 지혜는 머리로 하는 공부, 마음으로 하는 공부로 채웁시다. 그리고 우리가 힘이 세지기 위해서는 옆의 엄마들과 손을 잡아 공동체의 모성애를 발휘하자고 힘주어 말씀드립니다.

또 하나, 내 아이만 사랑하는 것은 사랑이 아님을 다시 말씀드립니다. 그것은 결국 내 아이에게도 독이 되어 돌아와요. 학교에서 학폭위가 열리면 부모들이 더 그악스럽게 남의 아이의 잘못을 까발리고 물어뜯습니다. 그게 자기 아이를 위한 것인지 자기 자존심을 위한 것인지 혼란스러워요. 착한 사마리아법처럼 남의 아이도 사랑해야만 하는 어떤 제도적 장치 같은 게 있었으면 좋겠다는 생각을 한 적도 있어요. 하지만 제도나 법령과 강제로 바꾸는 세상에는 한계가 있겠지요? 사람들이 귀하게 여겨야 할 가치는 법으로 강제하지 않아도 당연히 존중되는 '문화적 변화'가 우리에게 진짜 절실합니다.

꼭 가르쳐야 할 것 하나는

아이들에게 가르쳐야 할 것들이 너무 많습니다. 만약 모든 가르침을 관통할 수 있는 그 하나를 찾을 수만 있다면, 그리고 그것을 잘 가르칠 수만 있다면 걱정할 일이 무엇이겠습니까. 그럴 수 없으니 몸 고생 마음고생을 하면서 하루하루를 아이들과 부대끼는 것이겠지요. 모두를 아우를 수는 없지만 그래도 가장 아이들에게 전해 주고 싶은 가치 하나를 찾아본다면 저는 '존중'을 삼고 싶습니다.

존중은 타인에 대한 것이기도 하지만 자신에 대한 것이 먼저 전제되어야 합니다. 자기를 진정으로 알고 사랑하는 사람은 남을 업신여기거나 남에게 상처 주지 않아요.

가족 내에서 존중을 가르쳐야 아이가 학교에 가서도 존중받고 존중하는 사람이 됩니다. 부모님이 먼저 서로 귀히 여기는 모습을 보여 주세요. 물론 여기서 말하는 존중이 오냐오냐하고 키우는 거는 아니죠. '내 아이, 너만 귀하다'가 아니라 사람은 모두 귀하므로 네가 귀하다는 것을 알게 해야겠지요.

그렇게 자란 아이들은 공동체의 분위기를 만드는 데에도 이바지합니다. 학교에서 수업할 때 들어가면 기분이 좋은 학급이 있습니다. 학생들이 전반적으로 따뜻한 그런 학급. 존중과 배려가 당연한 분위기로 자리 잡은 교실에서는 욕설과 무시가 난무하지 않아요. 그런 학급에는 담임 선생님의 역할도 있었겠지만 그런 문화를 주도적으로 만들어가는 몇몇 학생들이 꼭 있어요. 그게 진정한 리더십이죠. 우리 아이들이 그런 아이로 자라면 얼마나 좋을까요.

앞서 소개한 《바르톨로메는 개가 아니다》에서 바르톨로메는 장애의 몸 때문에 궁중에 들어가 개가죽을 뒤집어쓰고 공주의 노리개 노릇을 합니다. 사실 이 아이는 영특한 재능도 있고 맑은 영혼과 자존의 영성도 지니고 있는 아이예요. 《아름다운 아이》의 오거스트도 흉측한 외모 안에 위트와 깊은 사고를 가진 멋진 소년이죠. 사람들은 겉모습만 보고 겉으로 가진 조건만 헤아려 내면을 못 봅니다.

우리를 가장 슬프게 하는 것은 남들이 나를 하찮은, 혹은 없는 존재로 여기는 태도죠. 그것에 저항하지 못하면 살아남을지는 모르겠으나 내 영혼은 존재감 없이 날아가 버릴 거예요. 바르톨로메는 외칩니다. "나는 개가 아니다, 누구도 개가 아니다." 나만의 존귀함을 주장하는 것이 아니라 모두가 존귀하므로 나도 귀한 사람이라고 말하는 겁니다. 우리는 더도 덜도 아닌 사람이라고, 적어도 우리는 모두 평등한 같은 사람이라고 외치는 것에서부터 존중은 시작됩니다.

자연과 이웃, 연대 〈플립〉

로브 라이너가 감독한 영화 〈플립〉을 자녀와 함께 보시기를 권합니다. 마을 어귀의 커다란 플라타너스를 베어 내지 말라고 시위하는 줄리는 참 당당합니다. 그 아이가 그럴 수 있었던 것은 어려운 가정 환경에서도 자연의 아름다움을 볼 수 있게 자유롭게 키운 부모가 있어서였어요. 그 소녀를 좋아하게 되는 앞집 소년 브라이스의 집과 가정 교육의 차이를 비교하면서 보는 것도 재미있어요.

저는 줄리의 모습에서 《걷기의 인문학》을 쓴 리베카 솔닛을 떠올렸네요. 책 앞부분에 반핵운동 하는 이들이 핵실험이 시행되는 북미의 드넓은 네바다 사막에 모여드는 장면이 아름답게 묘사돼요. 방사능의 위험도 있고 정치적 탄압도 두렵지만 넓은 사막에서 수천 명이 함께 밤하늘의 별을 바라보는 위엄도 경험한다는. 자연의 영성을 이해하고 인간의 소중함과 연대할 수 있는 이들만이 세상의 부조리에 맞서 정치적인 싸움을 할 수 있다는 것은 너무나 당연한 귀결이 아닐까요? 뒤집으면 싸움을 마다하지 말아야 인간의 가치를 지킬 수 있다는 말도 됩니다.

영화 〈플립〉은 이웃과 어떻게 살아야 하는지, 부조리와의 싸움에서 연대가 어떤 의미가 있는지를 어린 소녀의 당당함으로 이야기합니다. 심지어 그 연대는 상처를 치유합니다. 브라이스의 할아버지는 돌아간 아내를 그리워하면서 우울증에 걸려 있지만 마당을 가꾸고 스스로 담장을 수리하는 이웃집 소녀 줄리를 도와 함께 정원을 가꾸면서 그 상처를 서서히 회복합니다. 자연을 가꾸고 손으로, 몸으로 하는 일을 하면서, 그리고 할아버지가 소중하다고 여기는 것 — 자연을 지켜 내는 것, 사람 마음을 지켜 내는 것 — 에 공감할 줄 알고 이야기 들어 줄 줄 아는 소녀를 만났기 때문에 가능했어요. 브라이스는 왜 자기 가족 앞에서 그토록 우울하기만 했던 할아버지가 줄리와 함께 있을 땐 그렇게 행복해 보이는지 의아해하다가, 그 답을 찾아가

다가 점점 줄리한테 빠져들어 가요.

우리도 세월호와 같이 아픈 일을 만나고 싸워야 할 일을 만날 때, 그 싸움은 고될지언정 함께한 사람들과는 서로의 상처를 치유해 주고 치유 받는 경험을 하지요. 그래서 이 영화는 줄리와 브라이스의 로맨스 멜로물이자 교육 영화이자 연대를 이야기하는 사회 영화이기도 해요. 두 아이의 엇갈리는 시선을 교차 편집하는 기법도 재미있습니다.

아이를 잘 키우는 일, 세상에서 가장 힘든 일인 것 같습니다. 그러나 절대 포기할 수 없는 일이기도 합니다. 그 당연하고 힘들고 그러나 아름다운 일 함께해 나가자고, 한 발자국씩 꼭꼭 밟아 가면서 잘 해내자고, 우리 서로 어깨를 다독이자고 힘주어 말하고 싶습니다. 강좌에 함께해 주신 모든 어머니, 진심으로 감사합니다.

나에게
던지는
질문

네가 어떤 사람을 만났는데 그 사람이 마음에 들지 않으면
네 자신의 모습을 보는 것이라고 생각해야 한다.
네 속에는 네가 좋아하지 않으면서도 솔직하게 인정하지 않는
어떤 부분이 있는 것이다. 그것을 다른 사람에게서 볼 때
그 사람을 싫어하게 된다. 네가 싫어하는 것은
실은 네 자신의 일부이다.

- 베어 하트 《인생과 자연을 바라보는 인디언의 지혜》 가운데

참고 도서

《고독의 위로》 앤서니 스토
《명륜동 행복한 상담실》 선안남
《무의식이란 무엇인가》 칼 구스타브 융
《내 무의식의 방》 김서영
《아들러 심리학 입문》 알프레드 아들러
《자유로부터의 도피》 에리히 프롬
《사람 풍경》 김형경

❶ **무의식** 현재의 내 모습과 정반대되는 사람의 모습을 묘사해 보자.

어쩌면 그 사람은 나의 무의식 속에 살고 있는 또 다른 나일지도 모른단다.

현실에서 그 사람을 만난다면 나는 어떤 반응을 보일 것인가?

❷ **사랑** 나에게 '사랑(연애나 결혼)'이 갖는 의미는 무엇일까?

❸ **우울** 내가 가장 우울할 때(날씨, 상황, 반복되는 일 등)는 언제인가?

우울할 때 나는 그것을 어떻게 극복하는가?

❹ **분노** 나는 지금 무엇에 가장 분노하는가? 내가 분노를 느끼는(꼈던) 것들을

모두 써 보자. 나는 분노를 어떻게 해소하는가?

      교사와 부모 사이

❺ **불안과 공포** 내 꿈 중 불편하게 자주 반복되는 꿈은 무엇인가? 나는 주로
무엇에 대해 불안을 느끼는가?(날카로운 것, 쥐나 뱀 같은 동물, 불 등)
내가 가장 공포스럽게 상상하는 장면은 무엇인가? 내 공포의 근원은 무엇인가?

❻ **의존** 이 사람이 죽거나 내 곁을 떠난다면 끔찍할 것이라고 생각되는 사람은
누구인가? 내가 특별히 의존하는 물건이나 장면은 무엇인가?
나는 언제부터, 어떤 이유로 그것에 그토록 의존하게 되었는가?

❼ **소유** 내가 진짜 갖고 싶은 것은 무엇인가? 지나치게 원하는 것은 무엇인가?

❽ **파괴욕** 타인의 소유물 중에서 무엇을 파괴하고 싶은가?
저 사람이 불행해졌으면 하고 바라는 이가 있는가?

❾ **중독** 나는 한때(혹은 지금) 이것 중독이었던 적이 있었다. 혹은 나는 이것 중독
이 될 가능성이 스스로에게 있다고 생각한다.
이것은 무엇이며, 내가 그것에 집착하는 이유는 무엇일까?

❿ **질투** 내가 세상에서 제일 질투하는 사람은 누구인가?
그 사람을 질투하는 이유가 무엇인지 생각해 보자.

⓫ **시기심** 나는 이 사람이 정말 밉고 그가 가진 이것을 누군가 빼앗아 버렸으면
좋겠다는 생각이 든다. 그 사람은 누구이며 그가 가진 이것은 무엇인가?

 교사와 부모 사이

❷ **죽음** 자살을 시도해 본 적이 있는가? 어떨 때 죽고 싶다는 생각이 드는(들었는)가?

나는 어떤 죽음을 맞고 싶은가? 나의 죽음 장면을 떠올려 보자.

내 장례식에 꼭 와 주었으면 싶은 사람은?

죽기 전에 꼭 한 번 만나 보고 싶은 사람은?

죽을 때까지 절대 만나고 싶지 않은 사람은?
혹시 그 사람에게 듣고 싶은 말이나 사과해(받)고 싶은 말이 있다면?

❸ **분열** 어느 순간 문득, 지금이 아닌 다른 시간, 다른 세상에 내가 있는 것 같은
기분이 들 때가 있었는가? 내가 나 아닌 다른 사람이라고 느껴진 적이 있었는가?
그런 기분이 들 때 어떤 느낌이었는가? 데자뷰를 느껴 본 적이 있는가?

❶❹ **투사** 投射, projection 자신의 욕망이나 생각을 다른 대상으로 옮겨 놓는 방어기제를 말한다. 다른 이에 대한 혐오나 비난, 분노, 경멸 등으로 나타나기도 하고 부모가 못 이룬 욕망을 자녀가 이루기를 바라며 학업 스트레스를 주는 것이나 연예인에게 열광하는 것도 일종의 투사이다. 내가 다른 사람에게 내 감정이나 욕망을 투사한다고 생각된 적이 있는가?

❶❺ **동일시** 나는 어떤 사람(유명인)과 내가 몹시 닮았다고 생각하는가? 어떤 면에서 닮았다고 생각하는가? 정말 닮은 것일까, 아니면 닮고 싶은 것일까?

❶❻ **콤플렉스** 지금 이 나이에도 벗지 못하는 나만의 콤플렉스는 무엇인가? 나의 유년기와 사춘기를 되돌아보자. 그 콤플렉스의 기원은 무엇일까?

❶❼ **자기애** 내가 정말 괜찮은 사람이라고 느껴질 때는 언제인가?

❸ **자기 존중** 내가 이기적이라서가 아니라 나를 정말 소중하게 여길 때는 언제인가?

❹ **몸 사랑** 내가 내 몸에서 가장 자랑스럽게 여기는 부분이나 측면은 무엇이며
그렇게 생각하는 이유는 무엇인가?

❺ **에로스** 나의 남성적/여성적 매력은 무엇이라고 생각하는가?
나의 매력지수는 100점 만점에 몇 점이라고 생각하는가?

❻ **뻔뻔함** 내 스스로 뻔뻔하게 여겨질 때는 언제인가?
나는 사람들의 어떤 뻔뻔한 점을 못 견뎌 하는가? 혹은 나도 때로는
이런 점에서 뻔뻔해질 필요가 있다고 생각하는 점이 있다면 언제인가?

❷ **친절** 나는 친절한 사람인가, 아닌가? 나의 친절이 특정한 이, 특정한 상황에만
적용된다면 그것은 언제인가? 나의 친절은 보답을 바라고 있는가?

❷ **가식** 나는 가식적인 사람인가, 아닌가? 내가 가식적인 편이라면 나는 그것을
'발달한 사회성'이라고 생각하지는 않는가? 나는 가식적인 사람이 아니라
진정성 있는 사람이라고 생각한다면 혹시 사회성이나 사교성이 떨어지는 것을
그렇게 치장해서 생각하는 것은 아닌가?

❷ **미움** 내가 미워하는 (유형의) 사람은 누구인가?
내가 미워하는 사람들의 공통점이 있는지 생각해 보자.

㉕ **끌림** 내 주변에서 친해지고 싶은 사람, 관심이 가는 사람(아직 다가가지 못한
사람)은 누구인가? 혹은 특히 끌리는 유형의 사람은 어떤 이들인가?
그 사람(들)의 어떤 점이 끌리는가?

㉖ **사회적 인간** 나는 학교에서 어떤 교사가 되고 싶은 것인가?
퇴임 1년 전 내 모습을 상상해 보자. 사회적으로 얼마만큼의 역할을 하고
싶으며 할 수 있다고 생각하는가?

㉗ **명성** 나는 명성, 존경이라는 단어를 얼마나 중요하게 여기며 어느 정도까지
그것을 얻고 싶은가? 누구에게 존경받고 싶은가?
구체적으로 얻고 싶은 명성은 무엇인가?

❷❽ **사랑** 지금 나는 나의 파트너(연인, 배우자)를 진심으로 사랑하고 있는가?

나는 나의 파트너가 나를 진심으로 사랑한다고 믿는가?

이 사랑을 유지할 수 있었던 가장 큰 힘은 무엇인가?

❷❾ **여기 혹은 거기** 나는 머물기를 좋아하는가, 떠나기를 좋아하는가?

그 이유는 무엇일까? 떠나기를 꿈꾼다면 여기에서 부족하다고 느끼는 것이

무엇인가? 머물기를 원한다면 어떤 점에 만족해서 그러는 것일까?

❸❶ **인정과 지지** 나는 누구에게 가장 인정받고 싶은가?

누구에게 가장 지지받고 싶은가? 어떤 인정과 지지를 받고 싶은가?

 교사와 부모 사이

❸❶ 용기 내가 정말 용기를 내고 싶은 상황은 무엇인가? 내가 가진, 혹은 가졌으면
하는 나의 용기는 '새로운 것을 행할 수 있는 용기', '절망이나 고난으로부터
일어난 용기', '불의와 맞설 용기' 중 어떤 유형의 것인가?

❸❷ 변화 나 자신에게 강력히 요구하는 변화는 무엇인가?
그것을 이루려면 무엇이 필요한가?

❸❸ 자기 실현 이 생에 꼭 이루고 싶은 것은 무엇인가? 불가능하지만 이루고 싶은
것은 무엇인가? 노력한다면 가능할 것도 같은 목표는 무엇인가?

두 아이 이야기

지금은 20대 후반이 된 아들은 말이 없는 편이다(고 부모는 착각한다). 자상하고 섬세한 감수성 가득한 청년이다(고 어미는 생각한다). 이 청년이 어느 날 모처럼 둘만 마주 앉은 저녁 식사 자리에서 내게 이런 질문을 던졌다.

"어머니는 요즘 뭐가 재미있으셔?"

그런 질문은 처음 받아 보았다. 참 신선한 질문이다. 질문을 받으면서 조금 과장되게 표현하면 피가 새롭게 혈관을 도는 느낌을 받았으니까.

나는 요즘 뭐가 재미있지? 조금 생각해 본 후 아들 앞에서 미주알고주알 한참 떠들었다. 아들은 맞장구를 치면서 내 이야기를 끝까지 들어 주었다. 이야기하고 나서 오랜만에 홀가분한 기분이 들었다. 아마도 내가 누군가에게 상담을 받는다면 이런 기분이 들었을 것 같다.

나에게도 절대적으로 내 이야기를 들어 주는 소중한 사람이 없는 건 아니다. 그를 제외하면 대개의 관계에서는 '들어 주는 역할'을 하며 살아야 했다. 그런데, 나에게 먼저 '당신은 어떠신지?'라고 묻는 사람을 만나다니. 그것도 나보다 한참 어린 사람 앞에서 내 이야기를 털어놓다니. 그것도 그 사람이 바로 내 아들이라니!

아들은 다섯 살까지 시어머니 손에 컸다. 물론 방학마다 함께 살았지만 어린아이를 떼어 놓고 키운 경험은, 비슷한 경험을 가진 엄마들이 그러하듯 지금도 죄책감과 피로감이 엉킨 묘한 감정에서 나를 헤어나오지 못하게 한다.

20여 년 전 나는 강원도에 있는 학교에 근무하면서 주말마다 수원 시댁에 아이를 만나러 갔다. 시어머니가 암 투병 중에 아이를 돌보고 계셔서 집안이 살얼음판이었다. 며느리가 학교를 그만두었으면 하는 마음이 느껴지는 와중에 늘 아기를 그리워하면서도 주말에 쉬지도 못하고 시댁에 가야 하는 내 마음 역시 편치 못했다. 아기를 보고 싶어 하는 마음의 크기와 시댁에 가고 싶지 않은 마음의 크기를 저울질하면서 힘들었다. 일요일 아침을 먹고 강원도로 돌아오는 시외버스를 탈 때, 아기와 헤어져서 울적한 마음보다 시댁을 벗어나는 홀가분한 마음이 더 클 때가 많았는데 그럴 때마다 또 죄책감이 느껴졌다.

아기는 아기대로 오랜만에 만난 엄마와 24시간도 채 같이 못

지내고 헤어질 때마다 상처를 받는 듯했다. 초파일 부근의 어느 봄날 일요일, 현관에서 신을 신고 있는 나를 세 살쯤 된 내 아들이 하염없이 바라보았다.

"엄마, 가지 마."

"미안해, 엄마 다음 주에 또 올게."

"안 가면 안 돼?"

이런 대화가 몇 번 반복되었지만 늘 겪는 이별인지라 아이는 떼를 쓰지 않았다. 그리고 조용히 내 손에 뭔가를 건네주었다. 할머니 할아버지를 따라 초파일에 절에 가서 얻어 온 부처님 그림이 그려진 동그란 종이 딱지다. 그걸 건네주고는 아이는 말없이 손만 바이바이 흔들었다. 울지도 않고 평안한 얼굴로. 하도 많이 겪는 일이라 그랬을 건데, 나는 그게 체념이라고 생각했다. 그래, 네가 나의 부처로구나…. 원래 평정심이란 게 사랑 가득한데도 평안해야 그게 진짜일 것이다. 어차피 안 될 일이라 포기하는 것에서 오는 평정심은 아프다. 어린 아들의 그 말간 표정이 엄마에 대한 그리움과 이별의 슬픔을 억누른 것이었다면 더더욱 미안하고 아팠다. 그 작고 하얀 얼굴이 마치 어린 부처님같이 보여서 슬프기도 하고 우습기도 하고, 신비로웠던 기억이 지금도 잊히지 않는다.

아들은 초등학교에 들어가 일기를 쓸 때 희한한 표현을 많이 썼다. 일기가 쓰기 싫은 날은 시도 쓰곤 했다. '꽃이 다랑 다랑 피었습니다'라고 써서, 표현이 너무 예뻐서 꼭 안아 준 기억이 난다. 그

즈음 어느 교육 잡지에서 '아이들 언어교육을 어찌하면 좋은지'에
대한 글을 써달라는 원고 청탁을 받았다. 나도 문학을 공부했지
만 특별히 말을 잘하는 사람도 아니고 아이들 언어교육의 비법을
가지고 있지 않았다. 그저 나는 '잘 들어 주는 엄마가 말 잘하는 아
이를 키운다'는 취지의 글을 썼던 것 같다. 2000년대 초반 즈음이
었을 것이다.

이 신념에는 지금도 변함이 없다. 자녀의 교육도 그러하고 학
교 선생으로서 학생들에게 언어교육을 하면서도 같은 생각이다.
부모나 선생의 말을 따라 하면서 아이들의 언어능력이 길러지기
도 하겠지만 마음을 편안히 풀어놓을 수 있는 환경일 때, 즉 자기
말을 경청해 주는 부모나 선생, 형제와 함께 지내는 아이들이야말
로 말도 잘하고 글도 잘 쓴다고 생각한다.

그러나 그렇게 예쁜 말을 곧잘 하곤 하던 아들은 초등학교 5, 6
학년부터 슬슬 사춘기가 시작되더니 점점 말이 없어졌다. 운동 좋
아하고 게임 좋아하고, 엄마한테 무뚝뚝하게 구는 전형적인 대한
민국 소년이 되어 갔다. 6학년 때 어느 날 아들은

"엄마, 나는 '카리스마 있는 남자'가 되고 싶어"

그랬다. 그래서,

"그게 어떻게 될 수 있을까?"

하고 물으니 아들은 아주 간단한 방법이 있단다.

"말을 안 하면 돼."

윙? 말을 안 한다고? 아들의 말인즉슨 말수 적은 남자가 카리
스마가 있어 보인다는 것이었다. 키도 크고 운동도 잘하고, 아마도
싸움도 잘할 것 같은 남자아이가 말수가 적으면 꽤 카리스마 있어
보일 것도 같긴 하다. 하지만 좀 단순한 병법 아닌가. 나는 그의 단
순함이 좀 우습게 느껴졌다. 하지만 생각해 보니 그게 아주 무식한
방법만은 아닌 것 같다. 되짚어보니 제 아버지가 쓰던 작전이었다.
　나는 스무 살 시절부터 저 아이의 아버지와 연애를 했는데, 그
스물한 살 청년은 참 과묵했던 것 같다. 그 과묵이 혹여 서툰 말발
을 감추려는 전략은 아니었을까. 물론 당시에는 시인 지망생의 독
특한 언어 세계 때문이라고 여겼지만 말이다. 50을 훌쩍 넘긴 지
금의 그는 아이들로부터 '우리 아빠 리액션 쩐다'는 소리를 들으며
드라마를 보면서 "어머어머"를 연발하는, 테스토스테론 부족으로
중성화가 되어 가는, 동그란 배를 긁으면서 소파와 한 몸 되어 TV
에 몰두하는 '아점마'가 되어 가고 있지만 저 남자도 한때는 '말 없
는 카리스마'의 주인공이었다. 나름대로 성공한 전략이었던 것 같
긴 하다. 1985년 그해 가을, 과묵하고 반항기 가득한 눈빛의 열정
적이면서도 고즈넉하던 그 청년이 참 멋있게 보였으니까.

　그렇게 제 아버지를 닮아 '사춘기엔 과묵함으로 카리스마' 전
략을 구사하던 아들은 그러나 사춘기를 벗어나면서 '말'로 자주
우리를 놀라게 했다.
　가족회의를 할 때 오래, 길게 자기 의견을 내놓는 아들은 절대

과묵하지도 않았고 눌변도 아니었다. 고1 때부터 군대 가서까지 계속 써 온 일기 속에서는 꽤나 정연한 언어들이 빛난다. 또 아들은 자기가 '어머니와 비슷한 역할을 한다'고 말한다. 뭐가 나랑 비슷한 역할이라는 거냐고 묻자 엄마가 학교에서 상담 선생님인 것처럼 자기도 누군가의 이야기를 들어 줄 기회가 많단다. 말하자면 또래들 사이에서 상담자 역할을 하는 모양이다.

얼마 전에도 아들은 퇴근하고 돌아오는 나를 안아 주면서 "엄마, 오늘 학교는 재미있으셨어?"라고 물어보았다. 재미있었던 일을 생각해 내게 하고 들려주고 싶게 만드는 그런 질문 아닌가? 중2 남자애들이랑 지지고 볶고 수업했던 이야기를 들려주는 내게 아들은 "아, 정말?", "그렇지, 그맘때 애들이 다 그렇지", "맞아, 나도 그랬어", "자식들 귀엽네" 하며 깔깔거리는 웃음으로 화답한다.

당신도 오늘 누군가에게 질문을 던져 보시라. "그대는 요즘 뭐가 재미있나요?"

이야기해 나가는 중간에 그의 말을 끊고 당신 자신의 이야기로 치고 들어가기 없기다.

끝까지 그의 이야기를 들어주시라. 만약 그가 당신의 자녀라면 '공부는 졸지 않고 열심히 했느냐? 그건 이렇게 하지 그랬냐, 그건 하지 말았어야 했다' 하는 훈계는 절대로 하지 말고 그냥 들어주기만 하시라.

조언도 비판도 없이, 온몸의 촉수를 열어 잘 들어 주는 것만으로도 당신 앞에 있는 사랑하는 이를 행복하게 만들어 줄 수 있다. 이야기를 들어 준 이가 당신의 자녀라면 오늘로부터 한 10년, 20년 후, 이제는 늙어 가는 당신에게 그가 또 물을 것이다. "엄마, 오늘 뭐 하고 지내셨어? 재미있으셨어요?"라고.

딸 키운 이야기

약 20여 년 전, 둘째인 딸이 태어났다. 열흘이나 일찍 갑자기 나오느라 아빠도 없이 출장 중, 외할머니도 없이 늦게 오심 엄마랑 둘이 힘을 합쳐 태어났다. 뒤늦게 달려온 아빠는 큰애를 돌봐야 해서 집으로 가고 세상의 첫 밤을 엄마랑 오붓하게, 엄마의 팔베개와 함께 보냈다. 참 못났었다. 내 딸이지만 동그랗고 까무잡잡한 얼굴에 눈과 입은 지나치게 크고 코는 납작하고…. 나에겐 누가 뭐래도 세상을 다 얻은 것처럼 귀한 딸이었지만 말이다.

6개월쯤 되었을 때, 이유식을 시작할까 말까 할 때였지만 이 아가는 어찌 된 일인지 일찍부터 어른들의 '밥'을 탐하였다. 된장찌개에 밥을 먹고 있는 어른들의 입과 숟가락을 간절한 눈빛으로 번갈아 쳐다보기에, 아주 작게 한 입 떠먹이니 고개를 마구 흔들며 짭짭거리고 먹는다. 아기니까 조금씩 떠서 숟가락을 입 가까이 가

져가면 그 고사리손으로 숟가락을 덥석 잡고 입으로 가져간 녀석이다. 그래서 그런지 지금도 밥을 가장 좋아한다.

딸아이가 아장아장 걸을 때는 매 끼니 밥해 먹이는 게 참 큰일이었다. 저녁밥 먹이려고 시금치나물을 무치다가 아이들을 불렀다. "한별아, 누리야, 이리 와 봐." 쪼르르 달려온 두 녀석에게 방금 나물을 무치느라 양념이 묻은 손가락을 입에 쏙 넣어 주었다. 짭짭 맛을 본 아이들은 참기름 맛이 고소해서 그런지 신나게 외쳤다.
"줘 봐!"
그럼 일부러 쪼끄만 시금치나물 조각을 입에 쏙 넣어준다.
"큰 거 줘 봐!"
그렇게 나물을 맛본 아이들은 또 외쳤다.
"밥도 줘 봐!"

우유를 떼기 전에 이미 밥맛을 알아버린 딸이지만 20개월쯤 되어서 젖병을 뗄 땐 다른 아가들처럼 이별의 아픔에 가슴 저려 했다. 유난히 잠투정이 심했지만 공갈 젖꼭지를 아예 물리지 않았던지라 잠자리에서는 책을 대여섯 권씩 읽어줘야 했다. 그래도 잠이 안 올 땐 눈을 말똥거리며 이렇게 말했다.
"옴마, 푸윰이 이종 사촌동생 푸름이 는 우유 먹지이~?"
"그래 난 니 속을 알아, 이것아!, 그런데 누리는 언니니까 우유 안 먹지?"

"응, 근데 옴마, 푸름이는 병에 우유 먹지?"

"그래, 푸름이는 애기니까, 근데 누리, 우유 먹고 싶으면 컵에 우유 줄까?"

"아니, 괜찮아, 그냥 잘 거야."

그로부터 약 몇 분, 한 열 번쯤 뒤척뒤척하던 누리는 어둠 속에 일어나 앉아서

"옴마…"

했다.

"왜, 누리야, 잠이 안 와?"

"… 한숨 … 옴마, 컵에 우유…."

그래도 끝끝내 젖병을 달라고 보채지는 않았다.

몇 년 전, 예쁜 여고생이 된 딸아이가 감기에 걸려 맹맹거리기에 감기약을 먹이고 일찍 자라고 했다. 노란 스탠드 불을 켜고 자기 방에 들어가 누웠던 아이가 갑자기 "옴마아~" 그런다.

"옴마~ 잠깐만 안아 보자 뭐니, 징그럽게."

자기 옆에 누우란다. 애기 때 잠들기 전 뒹굴거리던 버릇, 5학년 때까지 엄마랑 끌어안고 자던 버릇이 있어 아직도 아픈 날, 무서운 영화 본 날, 울적한 날은 엄마랑 뚜덕거린다.

그러던 딸이 갑자기 벌떡 일어나 피아노 앞에 가 앉아 이야기를 들려준다. 오늘 자율 시간에 동영상 본 이야기라면서.

"베토벤이 청력을 잃었잖아. 베토벤을 아주 좋아하고 존경하

던 소녀가 있었대. 베토벤 연주를 직접 한 번만 듣고 싶어 했대. 하지만 베토벤은 절망에 빠져 연주를 안 했지. 그래서 그 소녀 아버지가, 구두 만드는 사람이었는데, 베토벤을 위해 구두를 만들어서 소녀가 가져다주게 했어. 그걸 가져다주면 연주를 들을 수 있을 것 같아서. 그런데 소녀가 구두를 가져다주다가 쓰러졌어. 고열로.

그리고 한참 후, 베토벤이 자살을 하려고 언덕에 올라갔는데 어디서 음악 소리가 희미하게 들리는 거야. 바로 자기가 작곡한 〈비창〉이었대. 소리가 나는 곳에 가 보니 한 소녀가 악보도 안 보고 그걸 연주하고 있었어. 그 구두 만드는 사람의 딸이야. 소녀는 그때 그 고열로 시력을 잃었대. 그 전에 들은 〈비창〉을 귀로만 듣고 외워서 친 거지. 감동한 베토벤은 자살하기를 포기하고 돌아와 그 소녀를 위한 새 곡을 작곡했대. 그게 바로 이거야."

뭔가 좀 뒤죽박죽인 '야사' 같은 이야기를 마치고 딸은 피아노를 향해 앉더니 따라랑~, 따라랑~ 싸라랑 싸라랑~ 하고 연주를 했다. 바로 베토벤의 〈월광〉이다. 당시에 군대 가 있는 아들도 자주 치곤 했던 월광. 아들의 〈월광〉이 힘차면서도 슬펐다면 딸의 월광은 부드러우면서도 슬프고, 따뜻하면서도 비애가 느껴진다. 연주를 마치고 침대로 돌아온 딸아이는 미열을 머리에 이고 있다. 세상 최고의 청중 두 사람이 자기 음악에 취해 있는 모습을 보면서 딸아이는 감기약에 취하고 자기가 방금 친 피아노 곡에 취하고, 엄마아빠의 눈길에 취해 혼몽한 잠에 빠져든다.

친구 좋아하고 공부 싫어하던 딸냄은 고2 올라가는 겨울방학까지 신나게 놀았다. 사교육의 은혜를 입지 않은 탓인지 내신은커녕 기본 교양도 부족할 판이었다. 겨울방학 내내 자고, 일어나 밥 먹고, 피아노 치다 잠들고, 이 세 가지를 반복하며 보내더니 2학년 올라간 그 새봄에 나와 마주 앉아 이렇게 말했다.

"옴마, 나 학교 그만둘래."

"학교를 왜 그만두고 싶은데? 그만두면 어떻게 할 건데?"

"검정고시 볼 거야."

"그다음엔?"

"대학 가야지."

그러던 아이는 하룬지 이틀 만에 다시 말했다.

"옴마, 나 그냥 학교 다닐게. 계산해 보니까 지금 학교 그만두고 검정고시 붙어도 내 친구들이랑 대학 같이 못 갈 수도 있어."

그렇다, 친구 관계 하나만은 끝내주게 좋은 딸냄, 중학교 때부터 고등학교 때까지 우리 집을 아지트 삼아 친구들을 몰고 다니던 녀석, 그래서 지금도 "어머니, 어머니가 해 주신 깍두기, 된장찌개랑 아버님이 해 주신 김치볶음밥이 먹고 싶어요~" 이러는 지혜, 나연이, 경아, 주미…의 친구 내 딸 한누리는 친구들과 나란히 대학에 가고 싶은 욕심에 무사히 고등학교를 졸업했다. 그리고 대학을 가야겠기에 고2, 5월부터 부리나케 공부를 시작하는데…. 그때 아이를 힘내게 도와주셨던 고2 때 담임 선생님 이영훈 선생님께 진심으로 감사드린다. 아이 마음속 깊은 곳에 숨어있던 에너지는 그렇게 선생님의 따스한 눈길에 힘을 내서 자기를 덮고 있는 흙을

    교사와 부모 사이

밀어내고 싹을 틔웠다.

공부할 기운이 난 딸아이는 중학교 교사이지만 입시 정보에 깜깜한 엄마와 입시에서는 차라리 말을 얹어 주지 않는 게 더 고마운 아빠 때문에 자력갱생, 스스로 대학 갈 길을 모색하고는 "에구, 내가 알아서 할게, 엄만 내가 부탁한 거나 해 줘" 했다. 그래서 나는 녀석이 시키는 대로 동네 논술학원 알아봐 달라고 하면 알아오고 학교 입시 설명회에 오라고 하면 가고 여기, 여기, 여기 원서 써 달라고 하면 원서 써 주고, 그랬다. 부모가 알아서 척척 못 해 주니까 오빠가 그랬듯이 '자기가 알아서' 대학을 갔다. 벼랑에서 먹을 거 안 주고 강하게 키운 사자 엄마가 된 기분이었다.

대학에 들어간 딸은 갑자기 미친 듯이 공부를 시작했다. 장학금을 받겠노라고. 중간고사 기말고사 때만 되면 스트레스 때문에 버터에 구운 식빵 사이에 치즈와 달걀과 햄을 잔뜩 넣은 고고고칼로리 식품을 산처럼 쌓아 놓고 먹어 가면서 "옴마, 내가 고3 때 이렇게 공부했더라면 좋은 대학 갔을 텐데" 한다. 그럴 때면 나는 "네가 지금 느끼는 공부 스트레스 다른 애들은 열 살 때부터 10년 넘게 겪었던 거잖아. 그러니까 힘들어도 조금 참고 즐겁게 공부해"라고 하나 마나 한 말을 한다. ○○총량의 법칙은 공부의 양에도 해당하는 게 아닐까? 한때 have to와 must의 관계도 잘 모르던, '하염없이 뇌 순정한 중3'이던 그녀는 어느새 취업을 걱정하는 '취준생'이 되어 있다.

**교육공동체
벗**

교육공동체 벗은 협동조합을 모델로 하는
작은 지식공동체입니다.
협동조합은 공통의 목적을 가진 사람들이 모여서 만든
권력과 자본으로부터 독립된 경제조직입니다.
교육공동체 벗의 모든 사업은
조합원들이 내는 출자금과 조합비로 운영됩니다.
수익을 목적으로 하지 않기에 이윤을 좇기보다
조합원들의 삶과 성장에 필요한 일들과 교육운동에
보탬이 될 수 있는 사업들을 먼저 생각합니다.
정론직필의 교육전문지, 시류에 휩쓸리지 않는 정직한
책들, 함께 배우고 나누며 성장하는 배움 공간 등
우리 교육 현실에 필요한 것들을 우리 힘으로 만들고
함께 나누고 있습니다.

**조합원
참여 안내**

출자금(1구좌 일반 : 2만 원, 터잡기 : 50만 원)을 낸 후
조합비(월 1만 5천 원 이상)를 약정해 주시면 됩니다.
조합원으로 참여하시면 교육공동체 벗에서 내는 격월간 교육
전문지 《오늘의 교육》과 조합 통신을 받아 보실 수 있습니다.
출자금은 종잣돈으로 가입할 때 한 번만 내시면 됩니다.
조합을 탈퇴하거나 조합 해산 시 정관에 따라 반환합니다.
터잡기 조합원은 벗의 터전을 함께 다지는 데 의미와 보람을
두며 권리와 의무에서 일반 조합원과 차이는 없습니다. 아래
홈페이지나 카페에서 조합 가입 신청서를 내려받아 작성하신
후 메일이나 팩스로 보내 주세요.

홈페이지	communebut.com
카페	cafe.daum.net/communebut
이메일	communebut@hanmail.net
전화	02-332-0712
팩스	0505-115-0712

교육공동체 벗을 만드는 사람들

※하파타순

후쿠시마 미노리, 황지영, 황정일, 황정인, 황정원, 황정욱, 황이경, 황윤호성, 황순임, 황봉희, 황기철, 황규선, 황고운, 홍정인, 홍용덕, 홍순성, 홍세화, 홍성구, 홍석근, 홍미영, 현복실, 현미열, 허효인, 허성균, 허보영, 허기영, 허광영, 함점순, 함영기, 한학범, 한채민, 한지혜, 한은옥, 한영욱, 한영선, 한소영, 한성찬, 한봉순, 한민혁, 한만중, 한낱, 한길수, 한경희, 하인호, 하승우, 하승수, 하순배, 하광봉, 탁동철, 최희성, 최현숙, 최현미, 최진규, 최주연, 최정윤, 최정아, 최은희, 최은정, 최은영, 최은숙, 최은미, 최은경, 최윤미, 최원혜, 최영식, 최영미, 최연희, 최연정, 최애영, 최승훈, 최승환, 최승복, 최선영a, 최선영b, 최선경, 최봉선, 최보람, 최병우, 최미영, 최미선, 최문정, 최류미, 최대현, 최기호, 최광용, 최경미, 최경련, 채효정, 채종민, 채윤, 채옥엽, 차종숙, 차용훈, 진현, 진주형, 진웅용, 진영효, 진영준, 진냥, 지정순, 지수연, 주윤아, 주순영, 조희정, 조형식, 조현민, 조향미, 조해수, 조진희, 조지연, 조준혁, 조주원, 조정희, 조응현, 조은정, 조윤성, 조원배, 조용진, 故조영희(명예조합원), 조영현, 조영옥, 조영실, 조영선, 조여은, 조여경, 조수진, 조성희, 조성실, 조성대a, 조성대b, 조석현, 조석영, 조상희, 조문경, 조남규, 조경애, 조경아, 조경삼, 조경미, 제남모, 정희영, 정희선, 정홍윤, 정혜령, 정현진, 정현주, 정현숙, 정혜레나, 정태회, 정춘수, 정철성, 정진영a, 정진영b, 정진규, 정종헌, 정종민, 정재학, 정이든, 정은희, 정은주, 정은균, 정유진, 정유숙, 정유섭, 정원탁, 정원석, 정용주, 정예슬, 정영현, 정영수, 정수연, 정선영, 정보라a, 정보라b, 정미숙a, 정미숙b, 정명옥, 정명영, 정득년, 정대수, 정남주, 정광호, 정광필, 정광일, 정관모, 정경원, 전혜원a, 전혜원b, 전정희, 전유미, 전세란, 전병기, 전민기, 전미영, 전명훈, 전난희, 장홍월, 장현주, 장진우, 장인하, 장인수, 장은하, 장은미, 장윤영, 장원영, 장시준, 장슬기, 장상욱, 장병훈, 장병학, 장근영, 장군, 장경훈, 임혜정, 임향신, 임한철, 임지영, 임중혁, 임종길, 임정은, 임전수, 임수진, 임성빈, 임성무, 임선영, 임상진, 임동헌, 임덕연, 이희옥, 이희연, 이효진, 이화현, 이호진, 이혜정, 이혜린, 이현, 이혁규, 이향숙, 이한진, 이태영a, 이태영b, 이태구, 이충근, 이초록, 이진혜, 이진주, 이진숙, 이지혜a, 이지혜b, 이지현, 이지향, 이지영, 이지연, 이중석, 이준구, 이주희, 이주탁, 이주영, 이종찬, 이종은, 이정희a, 이정희b, 이재형, 이재익, 이재영, 이재두, 이인사, 이은희a, 이은희b, 이은향, 이은진, 이은주a, 이은주b, 이은영, 이은숙, 이윤정, 이윤엽, 이윤선, 이윤미, 이윤경, 이유진a, 이유진b, 이원님, 이용환, 이용석a, 이용석b, 이용기, 이영화, 이영혜, 이영주, 이영아, 이영상, 이연진, 이연주, 이연숙, 이연수, 이승헌, 이승태, 이승연, 이승아, 이슬기a, 이슬기b, 이순임, 이수정a, 이수정b, 이수연, 이수미, 이수경, 이소형, 이성원, 이성숙, 이성수, 이설희, 이선표, 이선애a, 이선애b, 이선미, 이상훈, 이상화, 이상직, 이상원, 이상미, 이상대, 이병준, 이병곤, 이범희, 이민아, 이민경, 이미옥, 이미연, 이미숙, 이미라, 이문영, 이명훈, 이명형, 이매남, 이동철, 이동준, 이도종, 이덕주, 이남숙, 이난영, 이나경, 이기규, 이근희, 이근철, 이근영, 이균호, 이광연, 이계삼, 이경화, 이경은, 이경욱, 이경언, 이경림, 이건진, 윤홍은, 윤지형, 윤종원, 윤우람, 윤영훈, 윤영백, 윤상혁, 윤병일, 윤규식, 유효성, 유은아, 유영길, 유수연, 위지영, 위양자, 원지영, 원윤희, 원성제, 우창숙, 우지영, 우완, 우승인, 우수경, 오혜원, 오중근, 오정오, 오은정, 오은경, 오유진, 오승훈, 오수민, 오세희, 오민식, 오명환, 오동석, 염정신, 여희영, 여태전, 엄창호, 엄지선, 엄재홍, 양희전, 양해준, 양지선, 양은주, 양은숙, 양영희, 양애정, 양선화, 양선형, 양서영, 양상진, 안효빈, 故안혜영(명예조합원), 안찬원, 안지현, 안지윤, 안지영, 안준철, 안정선, 안용덕, 안옥수, 안영신, 안순억, 심항일, 심은보, 심승희, 심수환, 심동우, 심경일, 신혜선, 신혜경, 신충일, 신창호, 신창복, 신중휘, 신은정, 신은경, 신유준, 신소희, 신미옥, 신관식, 송호영, 송혜란, 송현주, 송정은, 송인혜, 송용석, 송승훈, 송명숙, 송근희, 손호만, 손현아, 손진근, 손은경, 손성연, 손민정, 손미승, 소수영,

성현주, 성현석, 성유진, 성용혜, 성열관, 성나래, 설은주, 설원민, 선휘성, 선미라, 석옥자, 석경순,
서혜진, 서지연, 서정오, 서인선, 서은지, 서우철, 서예원, 서명숙, 서금자, 서강선, 상형규, 변현숙,
백현희, 백인식, 백영호, 백승범, 배희철, 배희숙, 배주영, 배정현, 배정원, 배일훈, 배이상헌, 배영진,
배아영, 배경내, 방득일, 방경내, 반영진, 박희진, 박희영, 박효정, 박효수, 박환조, 박혜숙, 박형진,
박형일, 박현희, 박현주, 박현숙, 박현석, 박춘애, 박춘배, 박철호, 박진환, 박진수, 박진교, 박지희,
박지홍, 박지혜, 박지인, 박지원, 박정아, 박정미a, 박정미b, 박은하, 박은정, 박은아, 박은경a, 박은경b,
박유나, 박옥주, 박옥균, 박영실, 박신자, 박승철, 박숙현, 박수진, 박소현, 박세영, 박성규, 박선영,
박복선, 박미희, 박명진, 박명숙, 박동혁, 박도정, 박덕수, 박대성, 박노해, 박내현, 박나실, 박고형준,
박경화, 박경진, 박경주, 박경이, 박건형, 박건진, 민은식, 민애경, 민병성, 故문홍빈(명예조합원),
문용석, 문영주, 문순옥, 문수현, 문수영, 문수경, 문성철, 문봉선, 문미정, 문경희, 모은정, 마승희,
류형우, 류창모, 류지남, 류정희, 류재향, 류우종, 류영애, 류명숙, 류경원, 도정철, 도방주, 데와 타카유키,
노상경, 노미경, 노경미, 남효숙, 남주형, 남정민, 남윤희, 남유경, 남원호, 남예린, 남미자, 남동현,
남궁역, 날맹, 나규환, 김희정, 김희옥, 김홍규, 김훈태, 김효승, 김환희, 김홍규, 김혜영, 김혜순, 김혜림,
김형렬, 김현진a, 김현진b, 김현주a, 김현주b, 김현영, 김현실, 김현경, 김헌택, 김하종, 김필임, 김태훈,
김춘성, 김천영, 김찬영, 김진희, 김진숙, 김진명, 김진, 김지훈, 김지연a, 김지연b, 김지미, 김지광,
김중미, 김준휘, 김준연, 김종현, 김종원, 김종욱, 김종성, 김정희, 김정주, 김정식, 김정삼, 김정기,
김재황, 김재민, 김인순, 김이은, 김이민경, 김은파, 김은영, 김은아, 김은식, 김은숙, 김윤주a, 김윤주b,
김윤주c, 김윤자, 김윤우, 김원석, 김우영, 김우, 김용훈, 김용양, 김용만, 김용란, 김요한, 김영희,
김영진a, 김영진b, 김영진c, 김영주a, 김영주b, 김영아, 김영순, 김영삼, 김연정, 김연일, 김연오, 김연미,
김애숙, 김애령, 김아현, 김승규, 김순천, 김수현, 김수진a, 김수진b, 김수정a, 김수정b, 김수경, 김소희,
김소영, 김세호, 김성탁, 김성진, 김성숙, 김성보, 김설아, 김선희, 김선우, 김선미, 김선구, 김석준,
김석규, 김상희, 김상정, 김상일, 김상숙, 김봉석, 김보현, 김병희, 김병훈, 김병기, 김민희, 김민선,
김민곤, 김민결, 김미향a, 김미향b, 김미진, 김미숙, 김미선, 김무영, 김묘선, 김명희, 김명섭, 김동현,
김동춘, 김동일, 김동원, 김도석, 김다희, 김다영, 김남철, 김나혜, 김기웅, 김기언, 김규태, 김광민,
김고종호, 김경호, 김경일, 김경엽, 김경숙, 김갑용, 김가연, 기세라, 금현진, 금현옥, 금명순, 권희중,
권혜영, 권태윤, 권자영, 국찬석, 구희숙, 구자혜, 구자숙, 구완회, 구연실, 구수연, 구본희, 구미숙,
괭이눈, 광흠, 곽혜영, 곽현주, 곽진경, 곽노현, 곽노근, 공현, 공영아, 고춘식, 고진선, 고은정, 고은미,
고윤정, 고유준, 고영주, 고병헌, 고병연, 고민경, 강현주, 강현정, 강현이, 강한아, 강태식, 강진영,
강준희, 강인성, 강이진, 강은정, 강은영, 강윤진, 강영일, 강영구, 강순원, 강수미, 강수돌, 강성규,
강석도, 강서형, 강병용, 강경모

※2020년 10월 8일 기준 804명